P. Maximilian Breig SJ (Hrsg.)

Therese von Lisieux
GEDICHTE

Eine Prosaübersetzung

Johannes-Verlag Leutesdorf

Zweite Auflage 1997

Deutsche Lizenzausgabe
des französischen Originals POESIES (Edition intégrale), Les Editions du Cerf et Desclée De Brouwer, Paris 1979
Ins Deutsche übersetzt von P. Maximilian Breig SJ
Umschlagbild: Die heilige Theresia von Lisieux im Jahr 1894; Foto: Archiv

Gesamtherstellung: Druckerei des Johannesbundes e. V.
D-56599 Leutesdorf am Rhein

ISBN 3-7794-1168-7

Zu beziehen durch die *KSM*
Katholische Schriften-Mission, D-56599 Leutesdorf
Telefon: 0 26 31/9 76-1 92, Telefax: 0 26 31/9 76-2 50

Vorwort

Das Theresienwerk freut sich, daß mit dieser ersten deutschen Übersetzung der „Poésies“ die Originalwerke der heiligen Theresia von Lisieux in der deutschen Sprache eine Vervollständigung erfahren. Besonderer Dank gebührt P. Maximilian Breig SJ, dem 1994 verstorbenen Gründer und Initiator des Theresienwerkes e. V. und bis 1988 auch Vorsitzenden dieses Werkes, das es sich zur Aufgabe gemacht hat, die geistliche Botschaft der Heiligen und ihre Originalwerke den Menschen unserer Tage nahezubringen und für die Verbreitung ihres Schrifttums in der deutschen Sprache zu sorgen auf der Basis der wissenschaftlichen Edition der Werke Theresias, wie sie in Frankreich geschehen ist.

Wie gut einzusehen, ist es kein leichtes Unterfangen, Gedichte in eine andere Sprache zu übertragen. Um so mehr wird man dankbar sein, daß der Übersetzer mit besonderer Mühe und Sorgfalt versucht hat, das französische Original, das in einer „Edition intégrale“ mit einem Vorwort von Jean Guitton 1979 in Paris erschienen ist, in eine gut lesbare deutsche Sprachform zu bringen. Von besonderem Wert sind die kurzen Hinführungen zu den einzelnen Gedichten, weil sie die Einordnung in die Biographie und die Entwicklung des geistlichen Weges der Heiligen und liebenswerten Lebensbegleiterin der Menschen erleichtern. Eine Nachdichtung hätte zu viele Anpassungen in der Sprache erfordert, so daß die Besonderheit mancher Bezüge zu der ganz eigenen Art Theresias verlorengegangen wäre. So hat der Übersetzer die Form der Prosa gewählt. Aber lesen Sie dazu seine Hinführung selbst.

Die Gedichte haben im gesamten Schrifttum der Heiligen einen besonderen Stellenwert. Von „gesungener Liebe“ zu Gott und den Menschen können wir sprechen. Sie geben ein einzigartiges Zeugnis von dem, was im Leben Theresias einen besonderen Platz hat. Von der Freude, die ein Wesenselement der Liebe ist, möge sich auch der heutige Leser und Betrachter der Gedichte tragen lassen! Wie die eigenen Schwestern sie als „kleine Tröstungen“ aufbewahrt haben, so können sie uns heute noch als „hinterlassene Rosenblätter“ gelten. Selbst diese meist zu bestimmten Gelegenheiten der liturgischen Festfolge oder zu klösterlichen und persönlichen Gedenktagen verfaßten und zum Teil auch erbetenen Gedichte beschreiben die Stufen der Reifung eines Menschen und bestätigen damit die Aussagen aller anderen Schriften der Heiligen. Es ist uns noch einmal die kostbare Gelegenheit geboten, in das Innere einer Seele vorzudringen, die die Gnade Gottes in göttlicher Weise umgeformt hat, und gleichzeitig der Entwicklung dieser Umformung zu folgen. Wir können einem Menschen nahe sein, in dem sich die Größe, Weite und Tiefe der Liebe Gottes ausgewirkt hat.

Das Theresienwerk möchte Dank sagen dem Johannes-Verlag Leutesdorf, der sich bereit erklärt hat, auch dieses Werk in die Reihe der Schriften der heiligen Theresia von Lisieux aufzunehmen.

Für das Theresienwerk e. V.
P. Josef Jahnel MSJ

Hinführung

Die folgenden Ausführungen sind samt den Erläuterungen dem Standardwerk über die Gedichte der heiligen Theresia vom Kinde Jesus „Poésies" (Edition du Cerf, 1979, Desclée De Brouwer) in freier Übersetzung entnommen. In einer möglichst kurzen Fassung wurde das Notwendigste ausgewählt, um die deutschsprachigen Leser zu den Gedichten der heiligen Theresia hinzuführen. Vieles, was für französische Leser durchaus von Interesse ist, konnte hier aus guten Gründen nicht gebracht werden. So hat Theresia zum Beispiel fast alle ihre Gedichte nach den Melodien anderer Lieder gedichtet, so daß alles, was sie niederschrieb, sofort auch gesungen werden konnte. Wer aber kennt bei uns diese Vorlagen? Wer sich darüber Kenntnis verschaffen will, muß auf das genannte Werk „Poésies" zurückgreifen.

Die meisten Gedichte wurden von den Mitschwestern der heiligen Theresia erbeten. Doch wird man sagen können, daß diese dennoch immer ihre eigenen Auffassungen und Empfindungen zum Ausdruck bringt, ohne sich gehemmt zu fühlen oder sich selbst Zwang anzutun.

Die Gedichte Theresias sind ohne Zweifel der meistverkannte und der am wenigsten bekannte Teil ihres Werkes. Die großen Ausleger ihrer Schriften freilich (André Combes, Jean Guitton, Hans Urs von Balthasar und so weiter) haben immer wieder herausgehoben, wie wichtig die Gedichte sind, sowohl für die Kenntnis der Heiligen von Lisieux selbst wie auch für das Verständnis ihrer geistlichen Botschaft. Auch wenn nicht alle diese Gedichte von gleichem poetischen Wert sind, kann doch eine Entwicklung zu immer größerer Schönheit nicht geleugnet werden; aber jedenfalls sind alle für die Kenntnis des Gedankens der heiligen Theresia wichtig.
Hier liegt der Grund, warum in der vorliegenden Ausgabe eine Prosaübersetzung gewählt wurde, obwohl alle Gedichte Theresias in Reimen geschrieben sind (nur zwei Gedichte, Nr. 18 und 36, haben einfache Reime: a, a, b, b und so weiter; in allen übrigen kreuzen sich die

Reime: a, b, a, b und so weiter). Wenn für die Übersetzung in einer völlig anderen Sprache Reime gesucht werden, kann es nicht ausbleiben, daß der eigentliche Gedanke des Originals getrübt wird und manchmal vielleicht sogar ganz verschwindet, wie an manchen solchen Übersetzungen deutlich zu sehen ist. Auch wenn eine Prosaübersetzung die ursprüngliche sprachliche Kunst nicht zum Vorschein bringt, so tritt der Gedanke in ihr doch um so klarer hervor.

Von der Thematik her kann man mehrere Gruppen der Gedichte Theresias unterscheiden: 1. Kindheitserinnerungen, in welche die Schwestern Martin einbezogen sind (Nr. 8, 18, 22). — 2. Hymnen, die von der Liturgie her inspiriert sind (Nr. 25, 34) oder von der Verehrung jener Heiligen, denen sich Theresia nahe fühlt und die für sie Vorbild sind (Nr. 3, 26, 44, 47, 50), darunter auch besonders die Gottesmutter (Nr. 54). — 3. Lieder des Kampfes und des Apostolates (Nr. 35, 48). — 4. Lieder der Liebe zum Herrn, zum heiligen Antlitz, zum heiligsten Herzen; dazu die ganze Skala von Liedern der bräutlichen Liebe zu Jesus (Nr. 17, 23, 24, 26, 31, 33, 36, 41, 45, 51).

Zusammenfassend kann man sagen, daß das ganze Leben der heiligen Theresia ein Gesang der Liebe ist. Auf der ersten Seite ihrer *Selbstbiographischen Schriften* kündigt sie schon an: „Ich will nur eines tun: Mit Singen anheben, was ich in Ewigkeit immer neu singen soll — *Die Erbarmungen des Herrn!!!*"

Dieses Wort aus dem Psalm 88 steht auch über den von Theresia entworfenen und gemalten „Wappenschildern Jesu und Theresias". Dort befindet sich nahe dem heiligen Antlitz eine Harfe mit dem Hinweis: „Die Harfe versinnbildet Theresia, die Jesus unaufhörlich Melodien der Liebe singen will." Es ist von hier aus verständlich, daß Mutter Agnes von Jesus (Pauline) der „Geschichte einer Seele" ursprünglich den Titel „Ein Gesang der Liebe" geben wollte. Die Gedichte und Lieder Theresias zeigen in besonderer Weise, wie sehr sie eine singende Seele war und daß das unerschöpfliche Grundthema ihrer Dichtung die Liebe zu Jesus ist. Je mehr man die Gedichte liest und je tiefer man sie auf sich wirken läßt, um so mehr wird man feststellen, daß sie für die Kenntnis unserer Heiligen unersetzlich sind.

(Der Name Theresias und die Namen ihrer leiblichen Schwestern sind in deutscher Fassung wiedergegeben; die übrigen Eigennamen wurden in ihrem französischen Original belassen. — Bei Zitaten aus „Selbstbiographische Schriften“ [SS] wurden die Seitenzahlen nach der Ausgabe im Johannes Verlag Einsiedeln, aus „Briefe“ [B] und „Letzte Gespräche“ [LG] nach den Ausgaben im Johannes-Verlag Leutesdorf angegeben. Für den Kommentar zu den beiden Gedichten Nr. 51 und 54 wurde das im gleichen Verlag erschienene Buch von Guy Gaucher „Chronik eines Lebens“ verwendet.)

1

Der göttliche Tau oder Die jungfräuliche Milch Marias

2. Februar 1893 — Erbeten von Schwester Thérèse de Saint-Augustin.

„Um Freude zu machen“, wagt sich Theresia an ihr erstes Gedicht. In Ermangelung einer Ermunterung durch Schwester Agnes von Jesus (Pauline), die sie ziemlich kühl empfängt, kann Theresia doch auf jene ihrer Novizenmeisterin, Schwester Marie des Anges, rechnen. Es ist eine naive Schönheit, in der Theresia hier spricht; sie kann aber durch die Bilder, die sie gebraucht, hinführen „zu mehr verborgenen Geheimnissen, die einer höheren Ordnung angehören“ (B 181).

Das Bild vom „göttlichen Tau“ oder der „jungfräulichen Milch Marias“ ist unserem Empfinden nicht geläufig. Man muß aber wissen, daß Theresia durch das Werk von Dom Guéranger „Das liturgische Jahr“ mit sehr alten Texten in Berührung gekommen war, etwa von Clemens von Alexandrien, Zeno von Verona und besonders von Augustinus, der einmal schreibt: „Wenn es Milch ist, was du brauchst, und wenn diese die einzige Speise ist, die dich (als ganz kleines Kind) ernähren kann, dann muß sie durch das Fleisch gegangen sein, um bis zu deinen Lippen zu gelangen. Das ist die Aufgabe der Mutter. Das Gleiche, was die Mutter ißt, nimmt auch das Kind in sich auf. Das Kind ist aber noch nicht stark genug, um sich direkt vom Brot selbst zu ernähren; die Mutter bildet das Brot um, das dann durch sie als süßer Trank zu ihrem Kinde kommt ... Die ewige Weisheit ist bis zu uns gekommen wie eine wohltuende Milch durch das Fleisch und das Blut des Herrn.“

Ein so heikles Thema in einem Erstlingsgedicht aufzugreifen, war ein gewagtes Unternehmen, doch können uns die Worte des heiligen Augustinus das Verständnis des Gedichtes erleichtern, auch wenn Theresia ihren Blick mehr auf Maria richtet als die Mutter, die das Wort Gottes für uns „Fleisch werden läßt“.

Mein süßer Jesus, an der Brust Deiner Mutter
Erscheinst Du mir ganz strahlend von Liebe.
Die Liebe, ja, sie ist das unaussprechliche Geheimnis,
Das Dich vom himmlischen Wohnsitz in die Verbannung führte ...
Ach, laß mich unter dem Schleier mich bergen,
Der Dich jedem sterblichen Blick entzieht!
Und nahe bei Dir, Du Morgenstern,
Werde ich einen Vorgeschmack des Himmels finden.

Vom Erwachen einer neuen Morgenröte an,
Wenn man die ersten Strahlen der Sonne sieht,
Erwartet die zarte Blume, die zu erblühen beginnt,
Von oben her einen köstlichen Balsam.
Von süßer Frische erfüllt,
Läßt der wohltuende Morgentau,
Reichlichen Zufluß spendend,
Die Blume sich aus frischer Knospe öffnen.

Du, Jesus, bist die kaum erblühte Blume.
Ich betrachte Dich bei Deinem ersten Erwachen.
Du, Jesus, bist die entzückende Rose,
Die frische Knospe, anmutig gerötet.
Die so reinen Arme Deiner geliebten Mutter
Bilden für Dich Wiege und königlichen Thron.
Deine süße Sonne, das ist die Brust Marias,
Und Dein Tau, das ist ihre jungfräuliche Milch! ...

Mein Vielgeliebter, mein göttlicher kleiner Bruder,
In Deinem Blick lese ich Deine ganze Zukunft.
Bald wirst Du für mich Deine Mutter verlassen.
Schon drängt Dich die Liebe zum Leiden.
Doch auf dem Kreuz, o entfaltete Blume,
Erkenne ich Deinen frühen Duft wieder;
Ich erkenne wieder den Tau Marias.
Dein göttliches Blut, das ist die jungfräuliche Milch! ...

Dieser Tau verbirgt sich im Heiligtum.
Der Engel des Himmels betrachtet ihn entzückt.
Und Gott sein erhabenes Gebet aufopfernd,
Wiederholt er wie der heilige Johannes: „Hier ist Er."
Ja, hier ist es, das Wort, das zur Hostie wurde.
Ewiger Hoherpriester, priesterliches Lamm!
Der Sohn Gottes, das ist der Sohn Marias,
Das Brot des Engels ist die jungfräuliche Milch! ...

Der Seraph nährt sich von der Glorie;
Im Paradies ist sein Glück vollkommen.
Ich schwaches Kind, ich sehe im Speisekelch
Nur bildlich die Farbe der Milch.
Aber das ist die Milch, die dem Kindsein zukommt,
Und die Liebe Jesu ist unvergleichlich.
O zarte Liebe, unausschöpfbare Macht,
Meine weiße Hostie, das ist die jungfräuliche Milch! ...

2

Unserer Meisterin und geliebten Mutter zur Feier ihrer 60 Lebensjahre

„20. Februar im Jahr der Gnade 1894" (wie Theresia am Schluß des Gedichtes vermerkte). — Nach der Meinung der Mutter Marie de Gonzague.

Am 20. Februar 1834 war Mutter Marie de Gonzague in Caen geboren worden; am gleichen Tag des Jahres 1893 hatte sie das Amt der Novizenmeisterin übernommen. Die heilige Theresia, 20 Jahre alt, hätte am 8. September 1893 das Noviziat verlassen sollen, wurde aber von Mutter Agnes (Pauline) als erste Gefährtin der beiden Novizinnen dort belassen, der Schwester Marthe de Jésus und Schwester Marie-Madeleine du Saint Sacrament, mit denen zusammen sie sich in einer Reihe nennt: „Die drei kleinen Novizinnen."

Mutter Marie de Gonzague hatte in der Taufe den Vornamen Rosalie empfangen; daher die Wendung in der fünften Strophe des Gedichtes: „O Jesus, Deine Rose ist die Mutter, die unsere Kinderherzen leitet." Weil Theresia daran liegt, sie zu zeigen, wie Jesus sie sieht, ist sie von Schöntuerei weit entfernt.

Welch fröhliches Geburtstagsfest
Wir doch an diesem schönen Tage feiern!
Wir singen unsrer zärtlich guten Mutter,
Wir singen ihr aus unsrer vollen Liebe.

Seit sechzig Jahren, guter Jesus,
Betrachtest Du auf Erden eine Blume;
Sie ist Dir ganz besonders lieb,
Und Du benetzest sie mit Deinen Gnaden.

O Jesus, Deine durfterfüllte Blume, —
So viele Herzen hat sie Dir gewonnen,
Und herrlich ist die Blumenernte,
Die sie im Erdental Dir pflückte.

Du, Jesus, wirst im Vaterlande
Sie reichlich zu belohnen wissen.
Wir werden sehen, wie Du sie einst krönst,
Weil sie Dir diese Ernte eingebracht.

O Jesus, Deine Rose ist die Mutter,
Die unsre Kinderherzen leitet.
Erhöre drum in Güte unsre Bitte:
Laß ihre achtzig Jahre uns noch feiern!

Die drei kleinen Novizinnen
Schwester Theresia vom Kinde Jesus
Schwester Martha von Jesus
Schwester Maria Magdalena

3

An die heilige Cäcilia

28. April 1894. — Spontan verfaßt zum 25. Geburtstag ihrer Schwester Céline.

Es handelt sich um das erste große Gedicht, dem Theresia später noch eine Bedeutung beimaß. Zu Beginn ihrer Krankheit im Frühjahr 1896 überarbeitete sie es noch einmal in Voraussicht einer Verbreitung nach ihrem Tode. „Die ausgedehnte Komposition, die Überlagerung der Themen, ein gewisser vornehmer Stil, die Aufteilung in große unregelmäßige Strophen machen den Eindruck einer großen Symphonie.“

Daß Theresia bei der Abfassung an ihre Schwester Céline denkt, kommt daher, daß sie deren Kämpfe vom Karmel aus wahrnimmt. Zwar ist Céline schon durch ein privates Gelübde an Gott gebunden, doch erfährt sie sehr lebhaft die Verlockungen menschlicher Liebe. Verschiedene Male wird sie vor sehr harte Verzichte gestellt. Theresia faßt die Geschichte der heiligen Cäcilia als prophetisches Gleichnis für Céline auf und schreibt an diese in einem Begleitbrief zum Gedicht: „Céline, ich bin gewiß, daß Du alles verstehen wirst, was mein Lied Dir sagen möchte. Ach, eine andere Sprache als die der Erde müßte man sprechen können, um die Schönheit der Hingabe einer Seele in die Hände Jesu zu schildern. Mein Herz konnte nur stammeln, was es empfindet … Céline, Cäcilias Geschichte (die Heilige der HINGABE) ist auch Deine Geschichte!“ (B 234).

Während des Klanges der Instrumente
Sang Cäcilia in ihrem Herzen ...
(Stundengebet der Kirche)

O vielgeliebte Heilige, ganz entzückt betrachte ich
Die leuchtende Spur, die du hinterließest.
Noch meine ich, deine süße Melodie zu hören,
Denn dein himmlischer Gesang dringt her bis zu mir.

Höre das Gebet meiner verbannten Seele!
Laß mich ruhen an deinem jungfräulichen Herzen,
Dieser unbefleckten Lilie, die auf Erden erstrahlte
In einem wunderbaren Glanz, der seinesgleichen sucht.

Du sehr keusche Taube, im Laufe deines Lebens
Suchtest du niemals einen anderen Bräutigam als Jesus.
Er hatte deine Seele erwählt und sie mit sich vereinigt.
So fand Er sie vor im Duft aller Tugenden.
Doch siehe, ein sterblicher Mensch in strahlender Jugend
Empfand deinen Duft, du weiße, himmlische Blume!
Um dich zu pflücken und deine Zärtlichkeit zu gewinnen,
Wollte Valerian dir sein Herz schenken.
Bald bereitete er ein herrliches Hochzeitsfest vor;
Sein Schloß hallte wider von melodischen Liedern ...
Doch dein jungfräuliches Herz wiederholte Lobgesänge,
Deren ganz göttliches Echo sich bis zum Himmel erhob!
Was könntest du anderes singen, so ferne vom Vaterland,
Diesen hinfällig-sterblichen Menschen in deiner Nähe erblickend?
Zweifellos wolltest du auf das jetzige Leben verzichten
Und dich für immer mit Jesus im Himmel vereinen ...

Aber nein ... Ich höre deine seraphische Leier erbeben,
Die Leier deiner Liebe, deren Erklingen so süß war.
Du sangst dem Herrn dieses erhabene Lied:
„Bewahre rein mein Herz, Jesus, mein zärtlicher Bräutigam! ...“
Welch unaussprechliche Hingabe! Welch göttliche Melodie!
Du enthüllst deine Liebe in deinem himmlischen Gesang;
Jene Liebe, die keine Furcht kennt und am Herzen ihres Gottes
Einschläft und sich vergißt wie ein kleines Kind ...

Am blauen Himmelsgewölbe zeigte sich der weiße Stern,
Der kam, um mit seinen scheuen Strahlen
Die lichtvolle Nacht zu erhellen, die uns ohne Schleier

Die jungfräuliche Liebe der Verlobten im Himmel zeigte ...
Valerian träumte dann vom Genuß.
Deine Liebe, Cäcilia, war seine ganze Sehnsucht ...
Er fand das Glück in der edlen Verbindung mit dir,
Du aber zeigtest ihm das Leben, das nicht enden soll.
„Junger Freund", sagst du zu ihm, „bei mir wacht immer
Ein Engel des Herrn, der mein Herz rein bewahrt.
Auch dann, wenn ich schlummere, verläßt er mich nicht,
Voll Freude bedeckt er mich mit seinen blauen Flügeln.
Bei Nacht sehe ich seine liebe Gestalt leuchten
Von einem Schein so viel süßer als Morgenlicht.
Sein Gesicht zeigt sich mir als durchscheinendes Bild,
Als das lautere Strahlen des göttlichen Antlitzes."
Da erwidert Valerian: „Zeig mir diesen schönen Engel,
Damit ich deiner eidlichen Aussage Glauben schenken kann!
Andernfalls fürchte schon jetzt, daß meine Liebe umschlägt
In schreckliche Wut, in Haß gegen dich ..."

Du verborgene Taube in der Felsenhöhle!
Du hast die Schlingen des Jägers nicht gefürchtet.
Das Antlitz Jesu zeigte dir sein Licht,
Das heilige Evangelium ruhte auf deinem Herzen ...
Sofort erwiderst du mit sanftem Lächeln:
„Mein himmlischer Beschützer erfüllt dein Verlangen.
Bald wirst du ihn sehen. Voll Herablassung wird er dir sagen,
Daß du, um zum Himmel zu fliegen, Martyrer sein mußt.
Doch bevor du ihn siehst, muß die Taufe
In deiner ganzen Seele eine heilige Reinheit schaffen.
Der wahre Gott muß durch sich selbst ihr einwohnen;
Der Heilige Geist muß das Leben deines Herzens sein;
Das Wort, Gottes Sohn und Sohn Mariens,
Opfert sich in seiner unendlichen Liebe auf dem Altar.
Du mußt hingehen und dich an den Tisch des Lebens setzen,
Um Jesus, das Brot des Himmels, zu empfangen.

Dann wird der Seraph dich seinen Bruder nennen;
Und wenn er in deinem Herzen den Thron seines Gottes wahrnimmt,
Wird er dich die Gefilde der Erde verlassen lassen,
Und du wirst den Aufenthaltsort dieses Feuergeistes schauen." —
„Ich fühle mein Herz von einer neuen Flamme entbrennen",
Rief da der Patrizier in seiner Freude begeistert aus.
„Ich will, daß der wahre Gott in meiner Seele wohne,
Cäcilia, meine Liebe wird der deinen würdig sein. ..."

Angetan mit dem Kleid, das Sinnbild der Unschuld ist,
Konnte Valerian den schönen Engel des Himmels schauen.
Hingerissen betrachtete er seine hohe Macht,
Er sah den milden Glanz seiner strahlenden Stirn.
Der leuchtende Seraph hielt frische Rosen,
Gemischt mit schönen, weißblinkenden Lilien, in Händen.
In den Gärten des Himmels hatten sich diese Blumen erschlossen
Unter den Liebesstrahlen des Schöpfergestirns.

„Ihr lieben dem Himmel Verlobten, die Rosen des Martyriums
Werden eure Stirnen krönen", spricht der Engel des Herrn.
„Es gibt keine Stimme, es gibt keine Leier,
Die fähig wären, solch große Gunst zu besingen!
Ich versenke mich in meinen Gott, ich betrachte seinen Liebreiz,
Aber ich kann mich nicht für Ihn opfern und leiden;
Ich kann Ihm weder mein Blut noch meine Tränen schenken.
Trotz all meiner Liebe, ich vermöchte nicht zu sterben ...
Die Reinheit ist der leuchtende Anteil des Engels;
Sein unermeßliches Glück soll niemals enden.
Doch über den Seraph hinaus habt ihr den Vorzug:
Ihr könnt rein sein, und ihr könnt auch leiden! ...

....

Ihr seht das Symbol der Jungfräulichkeit
In diesen duftenden Lilien, die das Lamm euch schickt.

Ihr, gekrönt mit dem leuchtenden Glanz der Heiligen,
Ihr werdet immer das neue Lied singen.
Eure keusche Verbindung wird Seelen hervorbringen,
Die keinen anderen Bräutigam suchen werden als Jesus.
Ihr werdet sie leuchten sehen wie reine Flammen,
Nahe dem göttlichen Thron, am Wohnsitz der Auserwählten."

Cäcilia, leihe mir deine süße Melodie!
Ich möchte so viele Herzen zu Jesus bekehren!
Ich möchte wie du mein Leben opfern.
Mein Blut sowohl möchte ich Ihm schenken als auch meine Tränen ...
Erlange mir, auf dem fremden Ufer Freude zu finden
An der vollkommenen Hingabe, dieser süßen Frucht der Liebe!
O meine geliebte Heilige! Erlange mir bald, weit weg von der Erde,
Ganz nahe zu dir zu fliegen ohne Rückkehr ...

4

Gesang, um die Heiligsprechung der ehrwürdigen Jeanne d'Arc zu erlangen

8. Mai 1894. — Spontan verfaßt und Céline gewidmet.

Theresia legt die Betonung, wie nicht anders zu erwarten ist, auf die tiefen christlichen Tugenden von Jeanne d'Arc. Es geht ihr weniger darum, ,,die berühmte Kriegerin" zu ehren als vielmehr ,,die Martyrerin", die Heilige. In einem ihrer kleinen Theaterstücke legt Theresia ihr das Wort in den Mund: ,,Wenn ich im Himmel geehrt bin, dann nicht deswegen, weil ich eine berühmte Kriegerin gewesen bin, sondern weil ich die Jungfräulichkeit mit dem Martyrium verbunden habe."

Von den geschichtlichen Umständen her ist zu sagen: Am 27. Januar 1894 erfolgte die Gutheißung Leos XIII. zur Eröffnung des Seligsprechungsprozesses von Jeanne d'Arc, die damit die Bezeichnung ,,ehrwürdig" erhält. Von da an ist es erlaubt, sie öffentlich zu ehren und zu ihr zu beten. Onkel Guérin widmet diesem Ereignis mehrere Artikel in der Zeitung ,,Le Normand": ,,Gott erweckte sie, um durch ihre Schwäche die Größe seiner Macht zu zeigen und so den Stolz der Menschen zu beschämen."

Die Freude in ganz Frankreich ist groß. Lisieux nimmt in besonderer Weise daran teil. Onkel Guérin schrieb am 5. Mai 1894 in seiner Zeitung: ,,In Orleans errang sie [Jeanne d'Arc] einen ihrer glänzendsten Erfolge; in Rouen wurde sie verbrannt, und Lisieux war der Preis ihres Blutes." Damit ist angespielt auf Pierre Cauchon, dem 1432 der Bischofssitz von Lisieux zugeteilt wurde als Lohn für den Verräterdienst, den er den Engländern geleistet hatte.

Am 8. Mai 1894, an dem Theresia ihr Gedicht schrieb, fanden in der Kathedrale von Lisieux große Feierlichkeiten statt. Céline hatte mitgeholfen, zwölf große Fahnen von je 6,50 Meter Länge vorzubereiten, die mit Lilien geschmückt waren.

Gott der Heere, die ganze Kirche
Möchte bald eine Märtyrin, eine kriegerische Jungfrau,
Deren süßer Name im Himmel widerhallt,
Auf den Altären verehren.

Kehrvers 1
Durch Deine Macht,
König des Himmels,
Verleihe Jeanne von Frankreich
Die Würde einer Heiligen und die Ehre der Altäre! (2mal)

Ein Eroberer für das schuldige Frankreich zu sein,
Nein, das ist nicht das Ziel ihres Verlangens.
Es zu retten, ist Jeanne allein fähig.
Alle Helden wiegen weniger als ein Märtyrer!

Jeanne, Herr, ist Dein leuchtendes Werk.
Ein Feuerherz, eine Kriegerseele
Schenktest Du der furchtsamen Jungfrau,
Die Du mit Lorbeer krönen wolltest.

Jeanne hörte auf ihrer armseligen Wiese
Stimmen des Himmels, die sie zum Kampfe riefen.
Sie brach auf, um das Vaterland zu retten,
Und das zarte Mädchen befehligte das Heer.

Sie gewann die Herzen der stolzen Krieger.
Der göttliche Schein der Gesandtin des Himmels,
Ihr reiner Blick, ihre Worte wie Flammen,
Brachten es fertig, die kühnen Stirnen zu beugen.

Durch ein einmaliges Wunder in der Geschichte
Sah man dann, wie ein zitternder Monarch
Mit Hilfe eines schwachen Kinderarmes
Seine Krone und seinen Ruhm zurückeroberte.

Doch nicht dies sind die Siege Jeannes,
Die wir heute feiern wollen.
Ihre wahren Ruhmestaten, wir wissen es,
Sind, mein Gott, ihre Tugenden, ihre Liebe.

Zwar rettete Jeanne Frankreich durch Kampf,
Doch mußten ihre großen Tugenden
Gezeichnet sein durch das Siegel des Leidens,
Durch das göttliche Siegel ihres Bräutigams Jesus!

Als sie auf dem Scheiterhaufen ihr Leben opferte,
Hörte Jeanne die Stimme der Seligen.
Sie tauschte die Verbannung ein für das Vaterland;
Der rettende Engel stieg zum Himmel zurück! ...

Jeanne, du bist unsere einzige Hoffnung.
Von der Höhe des Himmels her neige dich unseren Stimmen!
Komm, steige zu uns herab, um Frankreich zu bekehren;
Komm, um es ein zweites Mal zu retten!

Kehrvers 2
Durch die Macht
Gottes, des Siegers,
Rette, rette Frankreich,
Befreier-Engel! ... (2 mal)

Als du den Engländer aus ganz Frankreich verjagtest,
Tochter Gottes, wie waren da deine Schritte schön!
Aber erinnere dich, daß du in den Tagen deiner Kindheit
Nur schwache Lämmer hütetest ...

Kehrvers 3
Übernimm die Verteidigung
Der Schwachen!
Bewahre die Unschuld
In der Seele der Kinder! (2mal)

Sanfte Märtyrin, dir seien unsere Klöster übergeben!
Du weißt sehr gut: Die Jungfrauen sind deine Schwestern.
Und wie für dich ist das Ziel ihrer Gebete,
Gott herrschen zu sehen in allen Herzen.

Kehrvers 4
Seelen retten
Ist ihr Verlangen.
Ach, schenk ihnen deine Flammen
Als Apostel und Märtyrin! (2mal)

Dann wird die Furcht aus allen Herzen gebannt sein,
Wenn wir sehen werden, wie die Kirche
Die so reine Stirne Jeannes, unserer Heiligen, krönt,
So daß wir dann werden singen können:

Kehrvers 5
Unsere Hoffnung
Ruht auf dir.
Heilige Jeanne von Frankreich,
Bitte, bitte für uns! (2mal)

5

Mein Lied vom Heute

1. Juni 1894. — Erbeten von Schwester Marie vom heiligsten Herzen zu ihrem Namenstag.

Theresia hatte sich mit Erlaubnis der Vorgesetzten im Frühjahr 1894 mit ihrer Schwester unterhalten „wie immer über die Dinge des anderen Lebens" und die Kürze des jetzigen. Sie kamen überein, daß Theresia ihre gemeinsamen Gedanken in einem Gedicht zum Ausdruck bringen solle als Geschenk zum Namenstag ihrer ältesten Schwester am Fest des heiligsten Herzens. Es ist eines der besten Gedichte Theresias und auch schlagartig eines der berühmtesten geworden.

Ein schwaches Geschöpf, das nichts für den folgenden Tag versprechen oder erbitten kann, weil es seiner selbst nicht sicher ist, dennoch aber ganz an Gott hingegeben, nimmt alles an im Vertrauen auf seine Gnade, auch Prüfungen und Leiden, wie es besonders in der vierten Strophe ausgedrückt ist.

Bemerkenswert ist der sachliche Zusammenhang des Gedichtes mit dem, was Theresia sonst geschrieben hat, und vor allem mit ihrem ganzen Leben. „Die Verbannung auf Erden ausnützen" ist für sie um so dringlicher, als sich bereits Vorzeichen ihrer beginnenden Tuberkulose zeigen.

Mein Leben ist nur ein Augenblick, eine flüchtige Stunde.
Mein Leben ist nur ein einziger Tag, der mir entschlüpft und entflieht.
Du weißt es, o mein Gott, um Dich auf Erden zu lieben,
Habe ich nichts als nur dieses Heute.

Jesus, ich liebe Dich! Nach Dir verlangt meine Seele.
Für diesen Tag nur bleib meine sanfte Stütze!
Komm, um zu herrschen in meinem Herzen, schenk mir Dein Lächeln
Gerade für heute!

Herr, was kümmert es mich, wenn die Zukunft düster ist?
Dich für morgen zu bitten, o nein, ich kann es nicht! ...
Bewahre rein mein Herz, bedecke mich mit Deinem Schatten
Gerade für heute!

Wenn ich an morgen denke, fürchte ich meine Wankelmütigkeit
Und fühle in meinem Herzen die Traurigkeit und den Überdruß
entspringen.
Doch gerne stimme ich, mein Gott, der Prüfung zu, dem Leiden
Gerade für heute!

Bald muß ich Dich am Ufer der Ewigkeit schauen,
Du göttlicher Führer, dessen Hand mich leitet.
Lenke meinen Nachen in Frieden über die stürmischen Wogen
Gerade für heute!

Laß mich, o Herr, in Deinem Antlitz mich verbergen!
Dort werde ich den eitlen Lärm der Welt nicht mehr vernehmen.
Schenk mir Deine Liebe, bewahre mir Deine Gnade
Gerade für heute!

Deinem göttlichen Herzen nahe, vergesse ich alles, was geschieht.
Ich fürchte nicht mehr die Ängste der Nacht.
Schenk mir, o Jesus, einen Platz in Deinem Herzen
Gerade für heute!

Lebendiges Brot, Brot des Himmels, göttliche Eucharistie,
O heiliges Geheimnis, das die Liebe ins Dasein rief ...
Jesus, meine weiße Hostie, komm, um in meinem Herzen zu wohnen
Gerade für heute!

Vereinige mich mit Dir, heiliger und geheiligter Weinstock!
Dann wird mein schwacher Zweig Dir seine Frucht bringen,
Und ich werde Dir eine goldschimmernde Traube anbieten können,
Herr, von heute an.

Diese Liebestraube, deren Beeren Seelen bedeuten, —
Um sie zu bilden, hab ich nur diesen Tag, der entflieht.
Ach, Jesus, schenk mir die Feuerflammen eines Apostels
Gerade für heute!

Du unbefleckte Jungfrau! Du bist mein milder Stern,
Die du mir Jesus schenkst und mich mit Ihm vereinigst,
O Mutter, laß mich unter deinem Schleier ruhen
Gerade für heute!

Mein heiliger Schutzengel, bedecke mich mit deinem Flügel,
Erhelle den Weg, dem ich folge, mit deinen Strahlen!
Komm, meine Schritte zu lenken ... hilf mir, ich flehe dich an,
Gerade für heute!

Herr, ich will Dich ohne Schleier, ohne Wolken schauen.
Doch fern von Dir, in der Verbannung noch, sieche ich dahin.
Daß doch Dein liebevolles Antlitz mir nicht verborgen sei
Gerade für heute!

Bald werde ich fortfliegen, um Dein Lob zu künden,
Wenn der Tag ohne Untergang über meiner Seele wird
aufgeleuchtet sein.
Dann werde ich auf der Leier der Engel besingen
Das ewige Heute! ...

6
Bild einer Seele, die ich liebe

1. Juni 1894. — Zum Namenstag von Schwester Marie vom heiligsten Herzen.

Das Akrostichon vervollständigt das dichterische Geschenk Theresias an ihre Schwester. Es handelt sich hier um ein ganz persönliches Geschenk, das nicht wie der vorausgehende Gesang verbreitet wird. Vom achten Vers an zeichnet Theresia das wahre Bild ihrer Schwester und wie ihre Natur in den Bann des göttlichen Herzens gezogen wird.

Fest des heiligsten Herzens

Marie vom heiligsten Herzen

M — Ich kenne ein Herz, eine ganz liebeerfüllte Seele.
A — Einen erhabenen Glauben hat sie vom Himmel empfangen.
R — Nichts kann hienieden diese brennende Seele entzücken:
I — Nur Jesus gibt es für sie, den sie ihren König nennt.
E — Kurzum, diese schöne Seele ist groß und hochherzig,

D — Liebevoll und lebhaft zugleich, immer demütig von Herzen.
U — Ein ferner Horizont ... ein leuchtender Stern

S — Genügen sehr oft, um sie dem Herrn zu einen.
A — Einst sah ich sie voll Liebe zur Unabhängigkeit
C — Das reine Glück suchen und die wahre Freiheit ...
R — Wohltaten auszuteilen, war ihre Freude,
E — Und immer sich selbst vergessen, ihr einziger Wille! ...

C — Das göttliche Herz war es, das diese Seele in Bann zog,
OE — Werk Seiner Liebe, des Schöpfers würdig.
U — Eines Tages werde ich sie erblicken, wie sie als reine Flamme
R — Im Himmel erstrahlt beim heiligsten Herzen.

Ein dankbares Kindesherz

7

Danklied an Unsere Liebe Frau vom Berge Karmel

16. Juli 1894. — Zum Geburtstag von Schwester Marthe de Jésus.

Das Thema des Liedes ist dadurch bestimmt, daß dieser Geburtstag auf das Fest Unserer Lieben Frau vom Berge Karmel fällt. Der Blick auf das Leben von Schwester Marthe überwiegt die dichterischen Rücksichten. Die Kindheit, die Berufung zum Karmel, das Leben im Karmel, das baldige Leben im Himmel, davon sind die vier Strophen des Liedes bestimmt.

Kindheit: Mit sechs Jahren verliert Schwester Marthe ihre Mutter, zwei Jahre später ihren Vater, der Hirte war. Sie wird den Vinzentinerinnen anvertraut und wächst zuerst auf in Paris, dann in Bernay „im Schatten eines gesegneten Klosters" bis zu ihrem Eintritt in den Karmel im Jahre 1887. — Die Berufung scheint auf eine besondere Hilfe der Gottesmutter zurückzugehen, doch sind die näheren Umstände nicht bekannt. — Im Karmel: „Jesus allein ist mein ganzes Glück." Man denkt an die große Losschälung vom 8. Dezember 1892, die von Theresia herbeigeführt worden war (vgl. SS 246/249). Es gelang Theresia, ihre Gefährtin von Traurigkeit und Furcht zu befreien; Vertrauen und Liebe hatten das letzte Wort. — Im Himmel: Aus der „Verbannung" zum Himmel „fliegen", das läßt die typische Ausdrucksweise Theresias erkennen.

In den ersten Augenblicken meines Lebens
Hast du mich in deine Arme geschlossen.
Seit diesem Tag, meine geliebte Mutter,
Beschützest du mich hienieden.
Um meine Unschuld zu bewahren,
Hast du mich in ein süßes Nest gesetzt,
Du hast meine Kindheit behütet
Im Schatten einer gesegneten Umfriedung.

Später, in den Tagen meiner Jugend,
Hörte ich den Anruf Jesu! ...
In deiner unaussprechlichen Zärtlichkeit
Hast du mir den Karmel gezeigt.
„Komm, mein Kind, sei großmütig“,
Sagtest du mir voll Milde;
„Nahe bei mir wirst du glücklich sein.
Komm, um dich für deinen Erlöser zu opfern!“

....

Nahe bei dir, meine zärtliche Mutter,
Habe ich die Ruhe des Herzens gefunden.
Ich will nichts mehr auf der Welt;
Jesus allein ist mein ganzes Glück.
Wenn ich bisweilen die Traurigkeit spüre,
Furcht, die mich befallen will,
Immer kommst du meiner Schwachheit zu Hilfe
Und neigst dich, Mutter, mich zu segnen.

Gewähre mir, treu zu sein
Meinem göttlichen Bräutigam Jesus.
Möge deine milde Stimme mich eines Tages rufen,
Daß ich mitten unter die Auserwählten fliege!
Dann gibt es keine Verbannung mehr, kein Leiden;
Den Gesang meiner Dankbarkeit
Werde ich dir im Himmel wiederholen,
Liebenswerte Königin des Karmels!

8

Gebet des Kindes eines Heiligen

August 1894. — Zum Andenken an ihren Vater, der am 29. Juli dieses Jahres auf Schloß de La Musse verstorben war. Nach dem Ausdruck Theresias war dies das Ende „eines Todes von fünf Jahren"; so lange hatte seine geistige Umnachtung gedauert.

Die Verbindung mit ihrem Vater war fast seit dem Eintritt Theresias im April 1888 unterbrochen. Jetzt kann sie schreiben: „Nach sechsjähriger Abwesenheit finde ich ihn wieder. Ich fühle, wie er um mich herum ist, mich anschaut, mich beschützt ..." (B 252). Theresia betet zu ihrem Vater als einem Heiligen. Über Vater und Mutter wird sie später schreiben: „Der liebe Gott schenkte mir einen Vater und eine Mutter, die des Himmels würdiger waren als der Erde" (B 382 f.). Alle Familienmitglieder werden in dem Gedicht genannt. Nachdem Theresia sich selbst drei Strophen gewidmet hat, schließt ihr Gesang mit dem Hinweis auf das Leiden und die Verherrlichung ihres Vaters. Die Verfasserin unterschreibt mit dem Wort: „Das Waisenkind von der Beresina"; diesen Namen hatte Herr Martin seiner Tochter früher gerne gegeben.

Erinnere dich, daß es auf der Erde früher
Dein einziges Glück war, uns zärtlich zu lieben.
Erhöre das Gebet deiner Kinder,
Schütze uns; noch einmal neige dich, uns zu segnen.
Du findest dort oben unsere geliebte Mutter wieder,
Die dir ins heilige Vaterland vorausgegangen war.
Jetzt im Himmel
Herrscht ihr alle beide.
Wachet über uns! ...

Erinnere dich an deine geliebte Marie,
Deine älteste Tochter, die deinem Herzen teuerste!
Erinnere dich, daß sie dein Leben erfüllte

Mit ihrer Liebe, ihrem Charme und mit Glück ...
Für Gott verzichtetest du auf ihre süße Gegenwart,
Und du segnetest die Hand, die dir das Leiden anbot ...
Oh! an deinen Diamanten,
Der immer noch mehr funkelt,
Erinnere dich! ...

Erinnere dich an deine feine Perle,
Die du als schwaches und furchtsames Lamm kanntest;
Schau, wie sie von einer göttlichen Kraft erfüllt ist
Und die Gemeinde des Karmels anführt!
Deiner anderen Kinder Mutter ist sie geworden.
O Papa, komm, jene zu führen, die dir so teuer ist! ...
An deinen kleinen Karmel,
Ohne den Himmel zu verlassen,
Erinnere dich! ...

Erinnere dich an das glühende Gebet,
Das du für dein drittes Kind gesprochen hast!
Gott hat dich erhört, denn sie ist auf Erden
Wie ihre Schwestern eine schöne, sehr schimmernde Lilie.
Die Heimsuchung verbirgt sie den Augen der Welt,
Sie aber liebt Jesus; das ist der Friede, der sie überflutet.
An ihre glühenden Wünsche
Und all ihre Seufzer
Erinnere dich! ...

Erinnere dich an deine geliebte Celine,
Die für dich wie ein Engel des Himmels war,
Als dich ein Blick des göttlichen Antlitzes traf,
Um dich durch eine glorreiche Erwählung zu prüfen ...
Du herrschest nun im Himmel; ... ihre Aufgabe ist erfüllt.
Jetzt schenkt sie Jesus ihr Leben ...
Beschütze dein Kind,

Das sehr oft wiederholt:
Erinnere dich! ...

Erinnere dich an deine kleine Königin,
Das Waisenkind von der Beresina!
Erinnere dich, daß es immer deine Hand war,
Die ihren unsicheren Schritt lenkte!
O Papa! Denk an die Tage ihrer Kindheit!
Für Gott allein wolltest du ihre Unschuld beschützen.
An ihre blonden Haare,
Die deine Augen entzückten,
Erinnere dich! ...

Erinnere dich, daß du sie im Belvedere
Immer auf deine Knie nahmst.
Und wenn du dann ein Gebet sprachst,
Wiegtest du sie in Schlummer durch so süße Wiederholung.
Einen Widerschein des Himmels sah sie auf deinem Gesicht,
Wenn dein tiefer Blick sich in die Weite einsenkte
Und du von der Schönheit
Der Ewigkeit sangst.
Erinnere dich! ...

Erinnere dich an den strahlenden Sonntag,
Wo du sie an dein väterliches Herz drücktest!
Du schenktest ihr eine kleine weiße Blume,
Als du ihr erlaubtest, zum Karmel zu fliegen.
O Papa! denk daran, daß du in ihren großen Prüfungen
Ihr die Beweise lauterster Liebe schenktest
In Rom und in Bayeux!
Du zeigtest ihr den Himmel,
Erinnere dich! ...

Erinnere dich, daß die Hand des Heiligen Vaters
Im Vatikan sich auf deine Stirne legte!

Doch das Geheimnis des göttlichen Siegels,
Das sich dir einprägte, konntest du nicht verstehen ...
Jetzt richten deine Kinder ihr Gebet an dich;
Sie segnen das Kreuz und deinen bitteren Schmerz! ...
Auf deiner glorreichen Stirn
Leuchten im Himmel
Neun blühende Lilien!!! ...

Das Waisenkind von der Beresina

9

Gebet eines Kindes in der Verbannung

11. September 1894. — Verfaßt auf Bitten ihrer Schwester Marie vom heiligsten Herzen zum Namenstag von P. Almire Pichon SJ.

Wieder ein Akrostichon. „Das Kind in der Verbannung“ ist Theresia selbst. Obwohl die Beziehungen zwischen dem Karmel von Lisieux und dem Jesuitenpater, der sich seit 1888 in Kanada befindet, etwas gespannt sind (P. Pichon wollte Céline veranlassen, ebenfalls nach Kanada zu gehen), kann Theresia ihrer Schwester doch versichern: „Wenn es Dir lieber ist, daß ich schreibe, um Dich zu rechtfertigen, sag es mir, wenn Du kommst, und ich werde nicht verlegen darum sein! ... Ich habe das Herz so voll!!!“ (B 249). Auch das Akrostichon zeigt keinen Groll. Theresia betet: „Führe meinen Hirten zurück!“ Doch P. Pichon kommt erst im Jahre 1900 für einige Monate nach Frankreich und endgültig im Jahre 1907, lange nach Theresias Tod!

A — Vor Dir, mein Gott, erinnere ich mich an einen Vater,
L — Den geliebten Apostel deines heiligsten Herzens.
M — Aber er ist in der Verbannung auf fremdem Ufer ...
I — Es ist endlich Zeit. Führe meinen Hirten zurück!
R — Gib Deinen Kindern ihren Führer und ihr Licht wieder,
E — Rufe Deinen Apostel, Herr, nach Frankreich zurück!

10
Geschichte einer Hirtin, die Königin wurde

20. November 1894. — Zur Gelübdeablegung von Schwester Marie-Madeleine du Saint Sacrement. Schlußstrophe für Mutter Agnes von Jesus (Pauline) und Mutter Marie de Gonzague.

Schwester Marie-Madeleine (mit dem ursprünglichen Namen Melanie) war das achte von elf Kindern. Mit fünf Jahren schon wurde sie „kleine Hirtin" (weshalb sich das Thema des Gedichtes nahelegte), mit 14 Jahren Dienstmädchen, obwohl intelligent doch Analphabetin. Sie ist düster und verschlossen. Durch irgendeine schreckliche Jugenderinnerung ist sie innerlich verwundet und kapselt sich angesichts der Scharfsichtigkeit Theresias ab. Im Grunde jedoch liebt sie diese. Als sie Theresia später krank darniederliegen sah, bereitete sie zweimal „eigens eine Suppe für sie". Was sie im Seligsprechungsprozeß niedergelegt hat, ist wohl eines der schönsten Porträts der Heiligen. Theresia ihrerseits hat niemals die Geduld verloren; sie liebte Marie-Madeleine mit selbstloser Liebe. Das Gedicht ist besonders unter diesem Gesichtspunkt aufschlußreich: Es zeigt keinen Schatten von Zurückhaltung; nichts läßt irgendeine Reizbarkeit, irgendeine Anstrengung erkennen. Es ist „fröhlich wie ein Buchfink" und dennoch sehr anspruchsvoll für eine scheue und zurückweichende Schwester. Später wird Marie-Madeleine bekennen: „Ich war früher nicht in der Lage, aus ihren Winken Nutzen zu ziehen, aber seit ihrem Eintritt in den Himmel habe ich ihr die Sorge um meine Seele übergeben; und wie sehr hat sie mich seither verändert! Es ist unglaublich! Ich bin ganz friede- und vertrauensvoll; ich kenne mich nicht mehr." Gestorben ist Marie-Madeleine im Januar 1916, und Mutter Agnes bezeugte: „Sie ist eines sehr heiligen Todes gestorben."

Meiner Schwester Marie-Madeleine am Tag ihrer Profeß, die sie in die Hände von Mutter Agnes von Jesus ablegte.

An diesem schönen Tag, Madeleine,
Kommen wir, um nahe bei Ihnen

Von der wunderbaren und lieblichen Kette zu singen,
Die Sie mit Ihrem Bräutigam verbindet.
Hören Sie die charmante Geschichte
Einer Hirtin, die ein großer König
Eines Tages mit Glanz überschütten wollte,
Und die Seiner Stimme Antwort gab.

Kehrvers
Besingen wir die Hirtin,
Die, arm auf der Welt,
Der König des Himmels
Heute im Karmel zur Gemahlin nimmt!

Eine kleine Hirtin
Schritt dahin und hütete ihre Lämmer.
Sie bewunderte jedes Blümchen,
Lauschte dem Gesang der Vögel.
Gut verstand sie die süße Sprache
Der großen Wälder und des schönen blauen Himmels.
Alles war für sie ein Bild,
Das ihr den guten Gott enthüllte.

Sie liebte Jesus und Maria
Mit sehr großer Glut.
Auch sie liebten Melanie,
Und kamen, um ihr zu Herzen zu reden.
„Willst du“, sagte die milde Königin,
„Nahe bei mir auf dem Berge Karmel,
Willst du Madeleine werden
Und nichts mehr gewinnen außer dem Himmel?

Kind, verlaß diese Gegend,
Trauere deiner Herde nicht nach!
Dort, auf meinem heiligen Berg

Wird Jesus dein einziges Lamm sein."
„O komm, deine Seele hat mich entzückt",
Wiederholte Jesus seinerseits;
„Ich nehme dich mir zur Verlobten.
Du wirst mir gehören ohne Rückkehr."

Beglückt gab die demütige Hirtin
Antwort auf diesen süßen Ruf.
Gestützt durch Maria, ihre Mutter,
Gelangte sie zum Gipfel des Karmels.

....

Sie sind es, Marie-Madeleine,
Die wir an diesem großen Tag feiern.
Die Hirtin ist Königin geworden
Nahe dem König Jesus, ihrer Liebe! ...

Sie wissen es, sehr liebe Schwester:
Unserem Gott zu dienen, heißt herrschen.
Der milde Erlöser hörte während Seines Lebens
Nicht auf, es uns zu lehren:
„Wenn ihr im himmlischen Vaterland
Erste sein wollt,
Muß euer ganzes Leben
Euch verbergen ... Letzte müßt ihr sein."

Glücklich sind Sie, Madeleine,
Wenn Sie zu Jesus auf dem Karmel beten.
Sollte es für Sie einen Kummer bedeuten,
Dem Himmel so nahe gerückt zu sein? ...
Sie ahmen Martha und Maria nach!
Beten, dem milden Erlöster dienen,
Das ist das Ziel Ihres Lebens.
Er schenkt Ihnen das wahre Glück.

Wenn mitunter das bittere Leiden käme,
Um Ihr Herz heimzusuchen, —
Machen Sie daraus Ihre Freude:
Leiden für Gott ... welche Wonne! ...
Die göttlichen Zärtlichkeiten werden Sie dann
Rasch vergessen lassen,
Daß Sie über Dornen schreiten.
Und Sie werden vielmehr glauben, zu fliegen ...

Heute beneidet Sie der Engel.
Er möchte so gerne das Glück kosten.
Das Sie, Marie, besitzen,
Weil Sie die Braut des Herrn sind.
Ja, Sie sind schon von diesem Leben an
Die Braut des Königs der Auserwählten.
Eines Tages werden Sie im heiligen Vaterland
Ganz nahe bei Jesus herrschen.

Letzter Kehrvers
Bald wird die Hirtin,
Arm auf Erden,
Zum Himmel auffliegend
Beim Ewigen herrschen.

An unsere verehrten Mütter

Ihnen, gute, zärtliche Mütter,
Ihren Sorgen und Ihren Gebeten
Verdankt Madeleine, unsere Schwester,
Ihren Frieden, ihr Glück.
Sie wird bestimmt zu vergelten wissen
Ihre zarte und mütterliche Liebe,
Wenn sie ihren göttlichen Meister bittet,
Sie mit den Gütern des Himmels zu erfüllen.

Kehrvers
Und in euren Kronen,
Ihr sehr guten Mütter,
Wird die Blume glänzen,
Die Sie Gott, dem Erlöser, darbringen.

11
„Die Zeit der Tränen ist endlich vorbei"

12
„Nahe bei dir, Jungfrau Maria"

18. Dezember 1894. — Die beiden Gedichte sind zusammen verfaßt zur Einkleidung von Schwester Marie de la Trinité, die im Frühjahr 1896 diesen Namen annahm; zuvor trug sie den Namen Marie-Agnès de la Sainte-Face.

Die Feier wurde sehr bescheiden gehalten, weil die junge Schwester das Ordenskleid bereits im Karmel von Paris erhalten hatte, den sie im Jahre 1893 aus Gesundheitsgründen verließ. Der neue Versuch in Lisieux räumte Unsicherheiten nicht ganz aus. — Das Lied Theresias sollte am Abend des Einkleidungstages während der Erholung gesungen werden. Es ist eine Solistin vorgesehen, nämlich die Novizin selbst; die Antwort, die der Chor gibt, nämlich Lied Nr. 12 „Nahe bei dir, Jungfrau Maria", singt die ganze Kommunität. Der zweite Teil greift deshalb den Gedanken des ersten wieder auf. — Beide Lieder sind an Maria gerichtet, deren „Erwartung" am 18. Dezember, eine Woche vor der Geburt Jesu, gefeiert wurde (vgl. Nr. 12, zweite Strophe). — In einem ihrer Briefe (B 247) spricht Theresia von den „wenig anziehenden Manieren" ihrer Novizin, doch wird sich später zwischen beiden eine tiefe Freundschaft entwickeln, was sechs andere Gedichte beweisen, die Marie de la Trinité noch gewidmet sind (Nr. 20, 29, 30, 41, 49, 53).

(11)
1
Jungfrau Maria, trotz meines Unvermögens
Will ich dir am Abend dieses schönen Tages
Das Lied der Dankbarkeit singen
Und meine Hoffnung, Gott anzugehören ohne ein Zurück.
Ach, so lange, weit weg von der heiligen Arche,
Ersehnte mein armes Herz den Karmel.

Ich habe ihn gefunden. Jetzt gibt es keine Furcht mehr.
Hier koste ich den Vorgeschmack des Himmels! ...

Kehrvers
Die Zeit der Tränen ist endlich vorbei.
Ich habe das Gewand der Gemeinschaft angezogen.
Ein neuer Horizont tut sich für mich auf.
Himmlische Mutter, an diesem Tag voll Entzücken,
O verbirg das arme Lamm gut
Unter deinem Mantel!

2
Ich bin noch sehr jung, und schon hat das Leiden,
Die bittere Prüfung mein Herz heimgesucht.
Jungfrau Maria, meine einzige Hoffnung,
Deinem Lamm bereitest du das Glück:
Du schenkst mir den Karmel als Familie.
Auch bin ich die Schwester deiner Kinder.
Geliebte Mutter, ich werde deine Tochter,
Die Braut Jesu, meines Erlösers.

3
Der unaussprechliche Blick deines Sohnes
Neigte sich gütig meiner armen Seele zu.
Ich habe Sein anbetungswürdiges Antlitz gesucht,
Und in Ihm will ich mich verbergen.
Ich werde immer klein bleiben müssen,
Um die Blicke Seiner Augen zu verdienen;
Aber unter der Glut dieses himmlischen Gestirns
Werde ich sehr rasch in der Tugend wachsen.

4
Süße Jungfrau Maria, ich fürchte die Arbeit nicht.
Du kennst meinen guten Willen.

Habe ich auch Fehler, so doch auch Mut,
Und die Liebe meiner Schwestern ist groß.
In Erwartung des schönen Tages meiner Hochzeit
Werde ich ihre hohen Tugenden nachahmen,
Denn ich fühle es: du wirst mir die Kraft dazu geben,
Die Braut Jesu zu werden.

Letzter Kehrvers
Wolle die verehrten Mütter segnen,
Deren Güte mir den Karmel geöffnet hat!
Bei dir auf unvergänglichem Thron,
Jungfrau Maria, sehe ich sie sitzen,
Und dein mütterliches Herz
Kröne sie im Himmel!

(12)
Bei dir, Jungfrau Maria,
Wollen wir an diesem Abend singen,
Dich bitten für das liebe Kind,
Dessen einzige Hoffnung du bist.

Am gesegneten Tag deiner Erwartung
Machst du sein Herz sehr glücklich.
Sie schlägt ihr Zelt auf dem Karmel auf
Und erwartet nichts mehr als die heiligen Gelübde.

Dieser schöne Tag, o zärtliche Mutter,
Bringt ihr ein süßes Gedenken in Erinnerung:
An einem anderen Tag ihres Lebens
Kam dein Mantel, sie zu bedecken.

Endlich ist ihr das Ordenskleid gegeben!
Zweimal hat sie deinen Habit genommen.

Möge sie auch bekleidet sein,
Mutter, mit deinem doppelten Geist!

Sie hat gesungen: „Ich habe Mut! ...“
„Das ist wahr“, haben wir ganz leise gesagt.
Sie hat gesungen: „Ich liebe die Arbeit!“
Tatsächlich fehlt die Arbeit hier nicht! ...

Aber die Kraft ist sehr gut,
Um mit Eifer zu schaffen.
Mutter, lege die leuchtende Farbe
Einer Rose auf ihre Wangen! ...

Die Wartezeit ist für sie vorüber.
Ihr Herz kostet den Frieden des Himmels.
Jesus will sie zu Weihnachten
In ihrem Brautkleid sehen.

Er wolle sie in Seinem Antlitz verbergen!
Zarte Mutter, dein demütiges Lamm
Beansprucht dort einen Platz;
Es will keine andere Geborgenheit.

O Maria, wolle die Wünsche
Deines armen Lammes erhören!
Während der Nacht dieses Lebens
Verbirg es unter deinem Mantel!

Höre auf alle seine Bitten!
Möge dein mütterliches Herz
Ihm die Mütter sehr lange bewahren,
Die ihm seinen lieben Karmel geöffnet haben! ...

13

Die Himmelskönigin an ihr geliebtes Kind Marie de la Sainte-Face

25. Dezember 1894. — Das Gedicht ist von Theresia spontan verfaßt für ihre Schwester Céline, die als Postulantin diesen Namen trug.

Céline war am 14.September 1894 in den Karmel eingetreten und war zunächst Gehilfin in der Kleiderkammer. Im Hinblick auf den kommenden Namenstag der Priorin, Mutter Agnes von Jesus, am 21. Januar, kommen die Schwestern zu Céline und bringen ihr alle möglichen Gegenstände, die sie verzieren soll. Aber diese ,,Dummheiten" stören sie, denn sie hat bisher nur große Bilder gemalt. Es kommt hinzu, daß die Arbeit in der Kleiderkammer darunter leidet. Ihre Vorgesetzte, Schwester Marie des Anges, beklagt sich manchmal über sie: ,,Schwester Marie de la Sainte-Face hilft mir überhaupt nicht; ich rechne nicht damit, daß sie mich unterstützt." Die Postulantin ist zutiefst getroffen, denn sie weiß um ihre Fähigkeiten, die früher in der Familie anerkannt waren. Um ihr zu helfen, dieses ,,große Herzeleid" zu überwinden, verfaßte Theresia ihr Gedicht. Sie steckt es in den Schuh ihrer Schwester (nach der französischen Art der Weihnachtsbescherung) und hat damit vollen Erfolg. Die Strophen 15 und 16 vor allem werden Céline später noch oft trösten. Auf die Entstehungsgeschichte des Liedes kam sie mehrere Male zu sprechen.

Ich suche eine Tochter,
Die Jesus, meinem einzigen Lamme, gleicht,
Um sie zusammen zu hüten,
Alle beide in ein und derselben Wiege.

Der Engel des heiligen Vaterlandes
Wäre eifersüchtig auf dieses Glück! ...
Aber ich schenke es dir, Marie;
Das Gotteskind wird dein Bräutigam sein.

Du selbst bist es, die ich erwählt habe,
Um die Schwester Jesu zu sein.
Willst du Ihm Gesellschaft leisten? ...
Du wirst an meinem Herzen ruhen ...

Ich werde dich unter dem Schleier bergen,
Wo der König des Himmels Schutz findet.
Mein Sohn wird der einzige Stern sein,
Der künftig deinen Augen leuchtet.

Damit ich dich aber immer berge
Unter meinem Schleier, Jesus ganz nahe,
Mußt du klein bleiben,
Geschmückt mit den Tugenden der Kinder ...

Ich will, daß von deiner Stirne strahle
Die Sanftmut und die Reinheit.
Die Tugend jedoch, die ich dir schenke,
Ist vor allem die Einfachheit.

Gott, der alleinige in drei Personen,
Den die Engel zitternd anbeten,
Der Ewige will, daß du Ihm
Den einfachen Namen gibst: Blume der Felder.

Wie ein weißes Osterblümchen,
Das immer zum Himmel schaut,
So sei auch du das einfache Blümchen
Des kleinen Christkinds! ...

Die Welt verkennt den Liebreiz des Königs,
Der aus dem Himmel in die Verbannung kam.
In seinen milden kleinen Augen
Wirst du sehr oft Tränen glänzen sehen.

Du mußt deshalb deine Schmerzen vergessen,
Um das liebenswürdige Kind zu erfreuen.
Du mußt deine sanften Ketten segnen
Und ganz leise singen! ...

Gott, dessen Allmacht
Der brausenden Flut Einhalt gebietet, —
Er nimmt die Züge der Kindheit an,
Will schwach werden und klein.

Das unerschaffene Wort des Vaters,
Das um deinetwillen in der Verbannung weilt,
Mein süßes Lamm, dein kleiner Bruder,
Wird nicht zu dir sprechen, Marie! ...

Dieses Schweigen ist das erste Unterpfand
Seiner unaussprechlichen Liebe.
Wenn du diese stumme Sprache verstehst,
Wirst du sie jeden Tag nachahmen.

Und wenn Jesus bisweilen schläft,
Wirst du ganz nahe bei Ihm ruhen.
Sein göttliches Herz, das immer wacht,
Wird dir als angenehme Stütze dienen.

Beunruhige dich nicht, Marie,
Wegen der Arbeit jeden Tages!
Denn deine Beschäftigung in diesem Leben
Soll einzig sein: „Die Liebe!"

Wenn aber jemand kommt, um zu tadeln,
Daß man deine Arbeiten nicht sieht,
Wirst du sagen können: „Ich liebe viel;
Das ist mein Reichtum hienieden! ..."

Jesus wird dir deine Krone flechten,
Wenn du nichts willst als Seine Liebe.
Wenn dein Herz sich in Ihn verliert,
Wird Er dich ewig herrschen lassen.

Nach der Nacht dieses Lebens,
Eingeladen durch Seinen milden Blick,
Wird deine entzückte Seele in den Himmel fliegen
Ohne jeden Verzug! ...

Weihnachtsnacht 1894

14
An unseren Vater, den heiligen Joseph

1894, ohne genaueres Datum. — Erbeten von Schwester Marie de l'Incarnation.

Betrachtung und Dienst für Jesus und Maria in Armut und Einsamkeit sind die Merkmale des verborgenen Lebens des heiligen Joseph, aber auch die Kennzeichen des Lebens einer Karmelitin.

Joseph, dein bewundernswertes Leben
Verlief in Armut,
Doch du sahest die Schönheit
Von Jesus und Maria.

Kehrvers
Joseph, zärtlicher Vater,
Beschütze den Karmel,
Damit deine Kinder auf dieser Welt
Immer den Frieden des Himmels verkosten! (2mal)

Der Sohn Gottes, in Seiner Kindheit
Deinem Befehl unterworfen,
Schlief mehr als einmal
Glücklich an deinem Herzen.

Wie du, so dienen auch wir
Maria und Jesus in der Einsamkeit.
Ihr Gefallen ist unser einziges Verlangen;
Mehr ersehnen wir nicht.

Die heilige Teresa, unsere Mutter,
Rief dich voll Liebe an.

Sie versichert, daß du ihr Gebet
Immer erhört hast.

Wir haben deshalb die süße Hoffnung,
Daß wir nach der Verbannung dieses Lebens
Mit unserer geliebten Mutter hingehen werden,
Um dich zu schauen, heiliger Joseph!

Schluß-Kehrvers
Segne, zärtlicher Vater,
Unseren kleinen Karmel!
Nach der Verbannung dieser Erde
Vereinige uns im Himmel! (2mal)

15
Das Atom des heiligsten Herzens

1894, ohne genaueres Datum. — Erbeten von Schwester Saint-Vincent-de-Paul, die später noch ein zweites Gedicht mit ähnlichem Thema von Theresia erbat (Nr. 19).

Für Theresia bedeutet (und dies ist völlig richtig) das heiligste Herz die Person Jesu Christi selbst.

Kehrvers
Dein Atom, heiligstes Herz,
Schenkt Dir sein Leben.
Sieh, das ist sein Friede, sein Glück,
Dich zu entzücken, Herr!

Ich bin an Deiner Pforte
Tag und Nacht;
Deine Liebe trägt mich.
Es lebe die Liebe!

Verbirg Deine Glorie!
Mach mir eine süße Bleibe
Im heiligen Speisekelch
Bei Tag und bei Nacht!

Dein Fittich, o Wunder,
Wird mein Zufluchtsort.
Wenn ich erwache,
Jesus, lächelst Du.

Dein Blick entflammt mich,
Meine einzige Liebe!

Verzehre meine Seele,
Jesus, unwiederbringlich!

Erfüllt von Zärtlichkeit,
Entzückt mich Deine Stimme,
Und Dein Herz preßt mich
An meinen süßen Freund! ...

Deine Hand gibt mir Hilfe
Und dient mir als Stütze.
Mut verleihst Du
Dem Herzen, das seufzt.

Von aller Ermüdung
Tröste mein Herz,
Und für den verlorenen Sohn
Sei Du der gute Hirt!

O liebliches Schauspiel,
O Wunder der Liebe!
Ich bleib immer
Im Tabernakel.

Befreit von der Welt,
Ohne irgendeine Stütze,
Überflutet mich Deine Gnade,
Mein einziger Freund! ...

Welch süßes Martyrium!
Ich brenne vor Liebe.
Jesus, jeden Tag
Seufze ich nach Dir.

16

Gesang der Dankbarkeit der Braut Jesu

5. Februar 1895. — Zum Einkleidungstag von Céline, die nun den Namen Schwester Geneviève de Sainte-Thérèse trug.

Man kann sagen, daß mit diesem Gedicht eine zweite Periode des Werkes der heiligen Theresia beginnt und ihre späteren großen Gedichte anzeigt. Der Ton ist in einem gewissen Sinne majestätisch. Céline selbst wird als Sprecherin angenommen. ,,Die unaussprechliche Gnade, gelitten zu haben", bezieht sich vor allem auf das tapfere Mittragen der Leiden des Vaters. Jetzt öffnet sich ihr durch die Aufnahme in die Schwesterngemeinschaft ,,ein neuer Horizont"; ,,endlich wird die Nacht dem Tage weichen".

Du hast mich immer in Deinem Antlitz verborgen! ...
Göttlicher Jesus, würdige Dich, auf meine Stimme zu hören!
Ich komme, die unaussprechliche Gnade zu besingen,
Gelitten zu haben ... das Kreuz getragen zu haben ...

Ich habe lange aus dem Kelch der Tränen getrunken.
Ich habe mit Dir Deinen Schmerzenskelch geteilt,
Und ich habe begriffen, daß das Leiden anziehen kann,
Daß man durch das Kreuz die Sünder rettet.

Es kam durch das Kreuz, daß meine weitgewordene Seele
Einen neuen Horizont sich hat öffnen sehen.
Unter den Strahlen Deines gebenedeiten Antlitzes
Hat sich mein schwaches Herz sehr hoch erhoben.

Mein Vielgeliebter, Deine süße Stimme ruft mich.
„Komm", sagst Du mir, „schon ist der Winter entflohen;
Für dich beginnt eine neue Jahreszeit.
Endlich wird die Nacht dem Tage weichen.

Erhebe Deine Augen zum heiligen Vaterland,
Und du wirst auf Ehrenthronen sehen
Einen geliebten Vater ... eine geliebte Mutter,
Denen du dein unermeßliches Glück verdankst.

Wie im Nu wird dein Leben vergehen.
Über dem Karmel ist man ganz nahe beim Himmel.
Meine Vielgeliebte, meine Liebe hat dich erwählt.
Einen glorreichen Thron spare ich dir auf."

17

Aus Liebe leben! ...

26. Februar 1895. — Im Chor verfaßt während des 40stündigen Gebetes vor dem ausgesetzten Allerheiligsten Sakrament.

Es ist sehr bezeichnend, daß Theresia dieses Gedicht ohne jede Anregung von außen spontan verfaßte in den Stunden der Anbetung. Es ist wie aus einem Guß. Aus dem Gedächtnis schreibt sie am Abend des Faschingsdienstags 14 Strophen nieder, die sie tagsüber ohne jede schriftliche Notiz gedichtet hatte. Auf Bitte ihrer Schwester Geneviève (Céline) fügt sie sogleich noch Strophe 4 ein. Am 16. Juli 1897 verfaßt sie noch eine 16. Strophe (vgl. ,,Ergänzungen", Nr. 3 unten!). Man kann Schwester Geneviève recht geben, die immer der Auffassung blieb, daß dieses Gedicht ihrer Schwester ,,Aus Liebe leben" der Höhepunkt ihrer Dichtungen bleiben werde.

Am Abend der Liebe, ohne Gleichnis redend,
Sprach Jesus: „Wenn jemand mich lieben will
Sein ganzes Leben lang, so daß er Mein Wort bewahrt,
Werden Mein Vater und Ich kommen, ihn zu besuchen.
Und wenn er sein Herz zu unserer Bleibe macht,
Werden Wir, wenn Wir zu ihm kommen, ihn immer lieben! ...
Wir wollen, daß er von Freude erfüllt bleibe
    In unserer Liebe! ..."

Aus Liebe leben, das heißt, Dich selbst bewahren,
Unerschaffenes Wort, Wort meines Gottes.
Ach, Du weißt es, göttlicher Jesus, ich liebe Dich.
Der Geist der Liebe entflamme mich mit Seinem Feuer!
Indem ich Dich liebe, ziehe ich den Vater an;
Mein schwaches Herz bewahrt Ihn für immer.
O Dreifaltigkeit, Du bist die Gefangene
    Meiner Liebe! ...

Aus Liebe leben, das heißt, von Deinem Leben leben,
Glorreicher König, Wonne der Auserwählten.
Du lebst für mich, verborgen in einer Hostie.
Ich möchte mich für Dich verbergen, o Jesus!
Für Liebende ist Einsamkeit nötig,
Ein Herz-zu-Herz, das Nacht und Tag dauert.
Allein Dein Blick macht meine Seligkeit aus.
    Ich lebe aus Liebe!

Aus Liebe leben, heißt auf Erden nicht,
Sein Zelt auf dem Gipfel des Tabor aufschlagen;
Es heißt, mit Jesus Kalvaria besteigen;
Es heißt, das Kreuz als einen Schatz ansehen! ...
Im Himmel muß ich im Genuß leben;
Dann wird die Prüfung für immer entflohen sein,
Doch in der Verbannung will ich im Leiden
    Leben aus Liebe.

Aus Liebe leben, das heißt, geben ohne Maß,
Ohne hienieden Lohn zu beanspruchen.
Ach, ohne zu zählen, gebe ich und bin sicher,
Daß man nicht rechnet, solange man liebt! ...
Dem göttlichen Herzen, das von Zärtlichkeit überströmt,
Habe ich alles geschenkt ... ich eile unbeschwert;
Ich habe nichts mehr als meinen einzigen Reichtum:
    Leben aus Liebe.

Aus Liebe leben, das heißt, alle Furcht bannen,
Jede Erinnerung an die Fehler der Vergangenheit.
Von meinen Sünden sehe ich keinerlei Spur;
In einem Augenblick hat die Liebe alles verbrannt.
Göttliche Flamme, du sehr süßer Schmelzofen!
In deinem Feuer nehme ich meinen Aufenthalt,
In deinen Gluten singe ich in Herzenslust:
    „Ich lebe aus Liebe! ...“

Aus Liebe leben, das heißt, in sich selbst bewahren
Einen großen Schatz in einem sterblichen Gefäß.
Mein Vielgeliebter, meine Schwäche ist äußerst groß.
Ach, ich bin weit entfernt, ein Engel des Himmels zu sein! ...
Aber wenn ich auch zu jeder Stunde, die vorbeigeht, falle, —
Du richtest mich wieder auf und kommst mir zu Hilfe,
Jeden Augenblick schenkst Du mir Deine Gnade.
    Ich lebe aus Liebe.

Aus Liebe leben, das heißt, unaufhörlich weiterfahren,
Den Frieden, die Freude in alle Herzen säend.
Geliebter Steuermann, die Liebe drängt mich,
Denn ich sehe Dich in den Seelen meiner Schwestern.
Sieh, die Liebe ist mein einziger Stern.
In seiner Klarheit fahre ich dahin ohne Umweg.
Ich habe meinen Wahlspruch auf mein Segel geschrieben:
    „Leben aus Liebe."

Aus Liebe leben, solange Jesus schlummert,
Das schenkt die Ruhe auf den stürmischen Wellen.
O fürchte nicht, Herr, daß ich Dich wecke;
Ich erwarte im Frieden das Ufer des Himmels ...
Bald wird der Glaube seinen Schleier zerreißen.
Meine Hoffnung ist, Dich eines Tages zu schauen.
Die Liebe schwellt und treibt mein Segel.
    Ich lebe aus Liebe! ...

Aus Liebe leben, das heißt, o mein göttlicher Meister,
Dich anzuflehen, Dein Feuer auszubreiten
In die heilige und geweihte Seele Deines Priesters,
Auf daß er reiner sei als ein Seraph des Himmels!
Ach, verherrliche Deine unsterbliche Kirche,
Jesus, sei nicht taub für meine Seufzer!
Ich, ihr Kind, ich opfere mich für sie.
    Ich lebe aus Liebe.

Aus Liebe leben, das heißt, Dein Antlitz trocknen;
Das heißt, den Sündern die Verzeihung erlangen.
O Gott der Liebe! Daß sie in Deine Gnade zurückkehren
Und Deinen Namen für immer preisen ...
Bis zu meinem Herzen erschallt die Gotteslästerung.
Um sie zu tilgen, möchte ich immer singen:
„Deinen heiligen Namen, ich bete ihn an und ich liebe ihn."
Ich lebe aus Liebe.

Aus Liebe leben, das heißt, Maria (von Magdala) nachahmen.
Sie benetzt Deine göttlichen Füße, die sie begeistert küßt,
Mit Tränen, mit köstlichen Wohlgerüchen
Und trocknet sie mit ihren langen Haaren.
Dann, sich erhebend, zerbricht sie das Gefäß.
Dein mildes Gesicht salbt sie noch eigens.
Der Wohlgeruch, mit dem ich Dein Gesicht salbe,
Das ist meine Liebe.

„Aus Liebe leben, welch merkwürdige Torheit!",
Sagt mir die Welt. „Ach, hört auf zu singen,
Vergeudet nicht eure Wohlgerüche, euer Leben,
Versteht es, sie nutzbringend zu verwenden! ..."
Dich lieben, Jesus, welch fruchtbarer Verlust! ...
Alle meine Wohlgerüche sind unwiderruflich für Dich.
Beim Verlassen dieser Welt möchte ich singen:
„Ich sterbe aus Liebe!"

Aus Liebe sterben, ist ein sehr sanftes Martyrium.
Und das ist es, was ich erleiden möchte.
O Cherubim, leiht mir eure Harfe,
Denn ich fühle es: Meine Verbannung wird bald enden! ...
Flamme der Liebe, verzehre mich unaufhörlich!
Du Augenblicksleben, deine Last ist mir sehr schwer!
Göttlicher Jesus, verwirkliche meinen Traum:
Sterben aus Liebe! ...

Aus Liebe sterben, das ist meine Hoffnung,
Wenn ich sehen werde, wie meine Bande zerbrechen.
Mein Gott wird meine große Belohnung sein,
Gar keine anderen Güter will ich besitzen.
Von seiner Liebe will ich entflammt sein.
Ich will Ihn schauen, mich mit Ihm für immer vereinen,
Dies ist mein Himmel ... dies ist meine Bestimmung:
Leben aus Liebe!!! ...

18
Célines Gesang

28. April 1895. — Erbeten von Schwester Geneviève zu ihrem 28. Geburtstag.

Der Text berücksichtigt die letzten Änderungen, die Theresia vornahm. Noch im Mai 1897 verbesserte sie einiges und fügte manche Strophen an einer anderen Stelle als der bisherigen ein. Im März 1897 hatte sie bereits eine Auswahl von zehn Strophen für Abbé Bellière, einen ihrer geistlichen Brüder, abgeschrieben. Dies alles sind Zeichen dafür, daß Theresia diesem Gedicht einige Bedeutung beimaß.

Dieser ,,Gesang der Geschöpfe" ist zwar im Namen Célines geschrieben, gibt aber doch mehr die Auffassungen Theresias selbst wieder, so daß man ihm die Überschrift ,,Beziehungen Theresias zur Schöpfung" geben könnte. Man hat ihn als den Gesang eines Wesens bezeichnet, das durch die Liebe innerlich ganz befreit ist. Alles, was sie in ihren jungen Jahren verlassen hat, findet sie in höherer Weise wieder in Jesus, ihrem Vielgeliebten. Theresia legt davon ein ganzes Verzeichnis vor. ,,Sie befragte mich oft", berichtet Schwester Geneviève, ,,um zu erfahren, was ich wünsche, und ob sie nicht irgend etwas vergessen hätte."

Dieses längste Gedicht Theresias mit 55 Strophen hat zwei Teile: Das Leben Célines vor dem Eintritt in den Karmel, Strophe 1—31 (mit den Unterabteilungen Alençon 1—9, Buissonnets 10—18, Pflege des Vaters 19—31), sowie das Leben ,,jetzt" (32—51) und ,,bald" im Himmel (52—55). —

Was die oben genannten zehn Strophen angeht, die Theresia für Abbé Bellière zusammenstellte, so handelt es sich um die Strophen 32, 33, 35, 36, 41, 47, 50, 53, 54, 55. Davon sind 32, 41, 54 leicht verändert. Theresia hat dieser Auswahl die Überschrift gegeben: ,,Wer Jesus hat, hat alles." Es handelt sich um eine ausgezeichnete und konzentrierte Synthese, die nur das Wesentliche und zumeist das Beste auswählt. Es wird damit gleichsam ein neues, eigenes Gedicht, das im Kanonisationsprozeß ,,Fragment" genannt wird. Dennoch glauben wir, vom Abdruck hier absehen zu können und daß der Aufschluß, den wir hier geben, genügt, um sich ein Urteil bilden zu können.

O wie liebe ich die Erinnerung
An die gesegneten Tage meiner Kindheit ...
Um die Blüte meiner Unschuld zu bewahren,
Hat der Herr mich immer umgeben
Mit Liebe!

Auch war ich trotz meiner Kleinheit
Von Zärtlichkeit sehr erfüllt,
Und meinem Herzen entschlüpfte das Versprechen,
Jesus, dem König der Auserwählten,
Anzugehören.

Im Frühling meines Lebens liebte ich
Den heiligen Joseph, die Jungfrau Maria.
Schon versenkte sich meine entzückte Seele,
Wenn sich der Himmel in meinen Augen
Widerspiegelte.

Ich liebte die Getreidefelder, das flache Land.
Ich liebte den Hügel in der Ferne.
O, in meiner Freude atmete ich kaum,
Wenn ich mit meinen Schwestern
Blumen pflückte.

Ich liebte es, die Kräuter zu sammeln,
Die Kornblumen ... alle die kleinen Blumen.
Ich fand den Duft der Veilchen
Und vor allem den der Kuckucksblume
Sehr süß.

Ich liebte das weiße Gänseblümchen,
Die Spaziergänge am Sonntag,
Die kleinen Vögel, die auf den Zweigen sangen,
Und das strahlende Blau
Des Himmels.

Jedes Jahr liebte ich es, meine Schuhe
In den Kamin zu stellen.
Sobald ich erwachte, lief ich hin;
Ich besang das Fest des Himmels:
Weihnachten! ...

Ich liebte das Lächeln von Mama.
Ihr tiefer Blick schien zu sagen:
„Die Ewigkeit entzückt mich und zieht mich an.
Ich beeile mich, in den blauen Himmel zu gehen,
Um Gott zu schauen.

Ich gehe hin, um im Vaterland
Meine Engel zu finden ... die Jungfrau Maria.
Ich werde Jesus die Tränen meiner Kinder,
Die ich im Leben zurücklasse, darbringen,
Ihre Herzen!"

O, wie liebte ich Jesus in der Hostie,
Der am Morgen meines Lebens kam,
Um sich meiner entzückten Seele anzugeloben!
O, wie öffnete ich voll Glück
Mein Herz!

Später liebte ich die Schöpfung,
Die mir rein zu sein schien;
Überall suchte ich den Gott der Natur.
In Ihm fand ich für immer
Den Frieden!

Wie liebte ich es, im Belvedere,
Überflutet von Freude, von Licht,
Die Zärtlichkeiten eines Vaters zu empfangen,
Seine Haare zu betrachten
Weiß wie Schnee.

Am Abend fand ich mit Therese
Meinen Platz auf seinen Knien.
Ich erinnere mich daran: Ich wurde lange geschaukelt.
Ich höre noch den Tonfall
Seiner süßen Gesänge!

O Erinnerung, du schenkst mir Ruhe!
Gar viele Dinge rufst du mir ins Gedächtnis.
Die Abendessen ... den Duft der Rosen,
Die Buissonnets voll Fröhlichkeit,
Den Sommer! ...

Ich liebte es, zur Stunde, da der Tag sich neigt,
Meine Seele, wie ich es gerne tat,
Mit jener meiner Therese vereinen zu können.
Ich bildete mit meiner Schwester
Nur ein Herz.

Da waren unsere Stimmen verbunden,
Unsere Hände, die eine in der anderen, verschlungen.
Zusammen besangen wir die heiligen Hochzeitsfeiern;
Schon erträumten wir den Karmel,
Den Himmel!

Der blaue Himmel der Schweiz und Italiens,
Sowie goldene Früchte hatten mich entzückt.
Vor allem liebte ich den lebensvollen Blick
Des heiligen greisen Priesterkönigs,
Der auf mir ruhte.

Gesegneter Boden des Kolosseums!
Mit Liebe habe ich dich geküßt.
Die geheiligte Wölbung der Katakomben
Hat meinen Gesang ganz leise
Wiederholt.

Nach den Freuden kamen die Tränen!
Sehr groß waren meine Aufregungen.
Ich legte die Waffen meines Bräutigams an,
Und Sein Kreuz wurde mein Halt,
Mein großes Gut.

Ach, lange war ich verbannt,
Meiner Familie beraubt!
Und ich armes verwundetes Reh hatte nur
Den einzigen blühenden Rosenstrauch
Als Zuflucht.

Eines Abends jedoch sah meine geschwächte Seele
Das Lächeln Marias,
Und ein gesegneter Tropfen seines Blutes
Wandelte sich für mich, — welch eine Wohltat! —
In Milch!

Die Welt fliehend, liebte ich sodann,
Daß das ferne Echo mir Antwort gab.
In dem einsamen und fruchtbaren Tal
Sammelte ich trotz meiner Tränen
Die Blumen!

Ich liebte es, von der fernen Kirche her
Verhallend die Glocke zu vernehmen.
Ich liebte es, mich in die Felder zu setzen,
Um am Abend die Seufzer des Windes
Zu hören.

Ich liebte den Flug der Schwalben,
Den klagenden Ruf der Turteltauben;
Ich horchte auf das Flügelrauschen der Insekten,
Ich liebte die Melodie
Ihres Summens.

Ich liebte den Morgentau
Und die anmutige Grille.
Ich liebte es, die jungfräuliche Biene zu sehen,
Die von ihrem Erwachen an
Den Honig bereitete.

Ich liebte es, das Heidekraut zu pflücken,
Dahinlaufend auf dem weichen Moos.
Über das Farnkraut hüpfend fing ich
Die Schmetterlinge im reinen Glanz
Des blauen Himmels.

Ich liebte das Johanniswürmchen im Dunkel,
Ich liebte die Sterne ohne Zahl.
Vor allem liebte ich den Schein des Mondes,
Wenn er als Silberscheibe glänzte
Im dunklen Blau.

Ich liebte es, mein Väterchen
In seinem Alter mit Zärtlichkeit zu überhäufen.
Er war mir alles: Glück ... Kind ... Reichtum!
Ach, oft umarmte ich ihn
Zärtlich.

Wir liebten es, den weichen Schlag der Welle,
Den Sturm zu hören, der grollt;
Und am Abend in der tiefen Einsamkeit
Die Stimme der Nachtigall
Tief im Wald.

Aber eines Morgens suchte sein schönes Gesicht
Das Bild des Gekreuzigten ...
Er hinterließ mir den Lohn seiner Liebe,
Indem er mir seinen letzten Blick schenkte ...
„Mein Anteil! ...“

Und Jesu göttliche Hand
Nahm Celine den einzigen Schatz,
Und ihn sehr weit von dem Hügel forttragend,
Brachte Er ihn nahe beim Unendlichen unter
Im Himmel!

Jetzt bin ich Gefangene!
Ich floh die Vergnügen der Erde.
Ich sah, daß auf ihr alles nur einen Tag währt.
Ich sah, wie mein Glück verwelkte:
Sterben! ...

Unter meinen Schritten ist das Gras zertreten!
Die Blume in meinen Händen ist verwelkt!
Jesus, ich möchte laufen auf Deinem Anger.
Nichts werden meine Schritte auf ihm
Niedertreten.

Wie ein Hirsch in seinem brennenden Durst
Nach dem Quellwasser lechzt,
So laufe ich, Jesus, ermattet zu Dir hin.
Nötig sind, um meine Gluten zu lindern,
Deine Tränen! ...

Allein Deine Liebe ist es, die mich anzieht.
Ich lasse meine Herde auf dem Lande zurück.
Ich nehme mir nicht die Mühe, sie zu beaufsichtigen.
Ich möchte meinem einzigen Lamme gefallen
Unbekannt.

Jesus, Du bist das Lamm, das ich liebe.
Du genügst mir, o höchstes Gut!
In Dir habe ich alles, die Erde und selbst den Himmel.
Die Blume, die ich pflücke, o mein König,
Das bist Du!

Jesus, schöne Lilie des Tales,
Dein süßer Duft hat mich in Bann gezogen.
Du Myrrhenstrauß, Du Blumenkrone voll Balsamduft!
Auf meinem Herzen will ich Dich bewahren,
Dich lieben ...

Immer begleitet mich Deine Liebe.
In Dir habe ich die Wälder, das Land;
Ich habe das Schilf, die Wiese, das Gebirge,
Die Regenfälle und die Schneeflocken
Vom Himmel her.

In Dir, Jesus, habe ich alle Dinge.
Ich habe die Getreidefelder, die sich öffnenden Blumen,
Vergißmeinnicht, Goldknospen, schöne Rosen;
Ich habe die Frische des weißen Maiglöckchens,
Seinen Duft!

Ich habe die melodische Leier,
Die harmonische Einsamkeit,
Flüsse, Felsen, anmutigen Wasserquell,
Flinken Damhirsch, Gazelle, Eichhörnchen
Und Reh.

Ich habe den Regenbogen, den reinen Schnee,
Den weiten Horizont, das Grün,
Die fernen Inseln ... die reife Ernte,
Die Schmetterlinge, den frohen Frühling,
Die Felder.

In Deiner Liebe finde ich außerdem
Die Palmen, welche die Sonne vergoldet;
Ähnlich die Nacht, wenn sich die Morgenröte erhebt,
Das sanfte Murmeln des Baches,
Die Vögel.

Ich habe die köstlichen Trauben,
Die graziösen Libellen,
Den Urwald, voll von geheimnisvollen Blumen.
Ich habe alle die kleinen blonden Kinder
Mit ihren Gesängen.

In Dir habe ich Quellen und Hügel,
Lianen, Immergrün, Weißdorn,
Frische Seerosen, Geißblatt, Heckenrosen,
Das leise Rauschen
Der Pappel.

Ich habe den wilden, zitternden Hafer,
Die schwere und mächtige Stimme der Winde,
Den Sommerfaden, die brennende Flamme,
Den Zephir, die blühenden Büsche,
Die Nester.

Ich habe den schönen See, ich habe das einsame
Und ganz bewaldete Tal,
Die Silberwoge des Ozeans habe ich,
Goldfische und vielerlei Schätze
Des Meeres.

Ich habe das Schiff, das vom Strand abstößt,
Die goldene Wasserfurche und das Ufer.
Ich habe die Sonne, welche die Wolken schmückt,
Dazu, wenn sie vom Himmel verschwindet,
Das feurige Licht.

In Dir habe ich die makellose Taube;
In Dir, von meinem Wollkleid verdeckt,
Finde ich Ring, Halsbänder und Schmuck,
Juwelen, Perlen und blinkende
Diamanten.

In Dir habe ich die leuchtenden Sterne.
Oft entschleiert sich mir Deine Liebe,
Und wie durch einen Schleier hindurch
Nehme ich Deine Hand wahr, wenn der Tag
Sich neigt.

Du, dessen Hand die Welten hält.
Der Du die tiefen Wälder pflanzest
Und sie mit einem einzigen Augenaufschlag fruchtbar machst,
Du folgst mir mit einem Blick der Liebe
Immerdar.

Ich besitze Dein Herz, Dein angebetetes Antlitz,
Deinen milden Blick, der mich verwundet hat,
Ich habe den Kuß Deines heiligen Mundes.
Ich liebe Dich und will nichts anderes hinzu,
Jesus!

Ich werde hingehen, um mit den Engeln
Die Lobpreisungen der heiligen Liebe zu singen.
Laß mich bald in ihre Reihen fliegen!
Daß ich doch, o Jesus, eines Tages sterben möge
Aus Liebe!

Von der munteren Flamme angezogen,
Fliegt der Schmetterling und fängt Feuer.
So zieht Deine Liebe meine Seele an.
In sie hinein will ich fliegen
Und verbrennen! ...

Ich vernehme schon, mein Gott,
Daß Dein ewiges Fest sich bereitet ...
Meine stumme Harfe von den Weiden nehmend,
Gehe ich hin, mich auf Deine Knie zu setzen,
Und Dich zu schauen.

Dir nahe, gehe ich hin, Maria zu schauen ...
Die Heiligen ... meine geliebte Familie! ...
Ich gehe hin, um nach der Verbannung dieses Lebens
Das Vaterhaus wiederzufinden
Im Himmel! ...

19

Das Atom von Jesus, der Hostie

Sommer 1895 (?). — Nach der Überschrift setzt Theresia folgende Bemerkung in Klammern: „Gedanken von Schwester Saint-Vincent-de-Paul, auf ihre Bitte hin in Verse gebracht."

Im Rundschreiben nach dem Tod der Schwester heißt es: „Wer von uns erinnert sich nicht an unsere gute Schwester Saint-Vincent-de-Paul, während der ganzen Stunde des abendlichen Stillschweigens am Kommunionfenster niedergeworfen?" (Durch dieses „Fenster" wurde den Karmelitinnen die heilige Kommunion gereicht, die auch während der heiligen Messe durch das Chorgitter vom Altarraum getrennt waren.) In diesem dunklen Winkel des Chorraumes, aber dem Tabernakel der Kapelle so nahe als möglich, liebte es „das Atom, sich im Dunkel zu verbergen" (vgl. Nr. 15). Die Liebe zur heiligen Eucharistie ist eines der Hauptthemen der vier Gedichte, die von Schwester Saint-Vincent-de-Paul erbeten wurden (Nr. 15, 19, 25, 32).

Nichts bin ich als nur ein Staubkorn,
Doch mit dem Gefangenen der Liebe
Will ich im Schatten des Heiligtums
Meinen Aufenthalt nehmen.
Ach, zur Hostie hin sehnt sich meine Seele,
Sie liebe ich und will außerdem nichts.
Es ist der verborgene Gott, der mich anzieht.
Ich bin das Atom Jesu ...

Ich will in der Unwissenheit bleiben,
Im Vergessen von allem Geschaffenen
Und den Gast im heiligen Speisekelch
Durch mein Schweigen trösten.
Oh, ich möchte die Seelen retten,
Aus Sündern Auserwählte bilden ...

Schenke die Flammen eines Apostels
Deinem Atom, milder Jesus! ...

Wenn ich von der Welt geringgeschätzt werde,
Wenn sie mich als ein Nichts betrachtet,
Überflutet mich göttlicher Friede,
Denn ich habe die Hostie als meine Stütze.
Wenn ich mich dem Speisekelch nähere,
Sind alle meine Seufzer verstanden.
Ein Nichts sein, das ist mein Ruhm.
Ich bin das Atom Jesu ...

Wenn der Himmel manchmal dunkel ist
Und das Atom nicht auffliegen kann,
Will es gern, im Schatten verborgen,
An die goldene Pforte sich schmiegen.
Dann kommt das göttliche Licht,
Das alle Auserwählten erfreut,
Um auf dieser Welt erneut zu erwärmen
Das arme Atom Jesu ...

Unter den warmen Strahlen der Gnade
Wird das Atom funkelnd;
Wenn die leichte Brise vorüberzieht,
Wiegt es sich sanft ...
Oh, welch unaussprechliche Wonne,
Welche Wohltaten hat es erhalten! ...
Bis in die Nähe der Hostie läßt sich gleiten
Das arme Atom Jesu ...

Im Tabernakel der Liebe,
Sich nah bei der Hostie verzehrend,
So wird mein Leben verlaufen,
Den letzten Tag erwartend.

Wenn die Prüfung beendet sein wird,
Wird das Atom der Eucharistie,
Zum Aufenthalt der Auserwählten fliegend,
Leuchten bei seinem Jesus! ...

20

Mein Himmel hienieden

12. August 1895. — Zum 21. Geburtstag von Schwester Marie de la Trinité. Ein Lied zur Verehrung des heiligen Antlitzes.

„Dein Antlitz ist meine einzige Heimat" (Strophe 3). Es ist bereits „der Friede des Himmels". Marie de la Trinité bezeugte im Prozeß: „Schwester Theresia vom Kinde Jesus hatte eine ganz besondere Verehrung für das heilige Antlitz Jesu; sie erblickte in ihm den Spiegel der Demütigungen und der Leiden Jesu während seiner Passion. Der Blick auf dieses göttliche Antlitz entfachte in ihrer Seele ein leidenschaftliches Verlangen, ihm zu gleichen, so wie sie das mir gegenüber zum Ausdruck brachte." In dem Gebet, das Theresia bald danach Tag und Nacht auf ihrem Herzen trug, war das so ausgedrückt: „Jesus, bewirke, daß ich dir gleiche!"

Das Gedicht macht keine Anspielungen auf konkrete Ereignisse, welche die junge Schwester von ihrer Kindheit an unter das Zeichen des heiligen Antlitzes stellten. Es will allgemeiner sein, ein Gesang der Liebe aus ganzem Herzen, das von dem Antlitz ganz aus Licht fasziniert ist.

Jesus, dein unaussprechliches Bild
Ist das Gestirn, das meine Schritte lenkt.
Ach, du weißt es: dein mildes Gesicht
Ist für mich der Himmel hienieden.
Meine Liebe entdeckt die Zauber
Deines Gesichts, das Tränen verschönen.
Durch meine Tränen hindurch lächle ich,
Wenn ich deine Schmerzen betrachte ...

Oh, ich will, um dich zu trösten,
Unbekannt leben auf dieser Erde.
Deine Schönheit, die du zu verbergen verstehst,

Enthüllt mir ihr ganzes Geheimnis.
Zu dir hin möchte ich fliegen ...

Dein Antlitz ist meine einzige Heimat.
Es ist mein Reich der Liebe,
Es ist meine lachende Wiese,
Meine süße Sonne an jedem Tag.
Es ist die Lilie des Tales,
Deren geheimnisvoller Duft
Meine verbannte Seele tröstet
Und sie den Frieden des Himmels verkosten läßt.

Es ist meine Ruhe, meine Süße
Und meine melodische Leier ...
Dein Gesicht, o mein milder Erlöser,
Ist der göttliche Myrrhenstrauß,
Den ich auf meinem Herzen bewahren will! ...

Dein Antlitz ist mein einziger Reichtum.
Ich bitte dich weiter um nichts.
In ihm mich ohne Unterlaß bergend,
Werde ich, Jesus, dir ähnlich sein ...
Hinterlasse in mir die göttliche Spur
Deiner Züge, ganz von Anmut erfüllt!
Und bald schon werde ich heilig;
Zu dir werde ich die Herzen hinziehen.

Damit ich eine schöne goldene Ernte
Ansammeln kann,
Laß mich von deinen Feuern entflammt sein!
Mit deinem angebeteten Mund
Gib mir bald den ewigen Kuß! ...

21
Lobgesang einer Seele, die den Ort ihrer Ruhe gefunden hat

15. August 1895. — Zum Eintrittstag von Marie Guérin in den Karmel, der Cousine der heiligen Theresia, die den Namen Marie de l'Eucharistie führen wird.

Für ihre Cousine wird Theresia noch zwei Gedichte schreiben: Nr. 36 „Jesus allein" und Nr. 48 „Meine Waffen". Es war im Karmel Sitte, daß eine Postulantin am Abend ihres Eintrittstages „etwas" für die Schwesterngemeinschaft sang. Marie Guérin hatte eine schöne Sopranstimme. Sie singt das von Theresia verfaßte Lied, welches das geistliche Programm der Neuangekommenen ausdrückt. Weil „lieben" sowohl im Karmel als auch im Himmel das Wichtigste ist, legt Theresia noch eine Abschrift ihres Gedichtes „Aus Liebe leben" inmitten von Blumen auf dem Bett Maries nieder. In der gleichen kleinen Zelle stirbt sie auch nach noch nicht zehn Jahren mit den Worten: „O, ich möchte gern aus Liebe sterben ... Aus Liebe zum lieben Gott ... Mein Jesus, ich liebe dich!"

O Jesus! An diesem Tag zerbrichst Du meine Bande ...
Hier im gesegneten Orden der Jungfrau Maria
Werde ich die wahren Güter finden können.
Herr, wenn ich meine geliebte Familie verlassen habe,
Wirst Du sie mit göttlichen Gunsterweisen zu erfüllen wissen.
Mir selbst wirst Du die Verzeihung schenken, die den Sündern gilt ...

> Jesus, ich will im Karmel leben,
> Denn in diese Oase hat mich Deine Liebe gerufen.
> Dort, ja dort will ich Dir folgen.
> Dich lieben, Dich lieben und sterben.
> Dort will ich Dir folgen,
> Dort, ja dort! ...

O Jesus, an diesem Tag erfüllst Du alle meine Wünsche.
Von jetzt an werde ich nahe der Eucharistie
Mich im Schweigen opfern können, im Frieden den Himmel
erwarten.
An diesem Herd der Liebe werde ich mich verzehren,
Mich den Strahlen Deiner göttlichen Hostie aussetzend,
Und wie ein Seraph werde ich, Herr, Dich lieben.

Jesus, bald soll ich Dir folgen
Zum ewigen Gestade, wenn meine Tage enden werden.
Immer, ja immer, soll ich im Himmel wohnen,
Dich lieben und nicht mehr sterben ...
Immer soll ich im Himmel leben,
Immer, ja immer! ...

22
Meiner geliebten Mutter, dem schönen Engel meiner Kindheit

7. September 1895. — Zum 34. Geburtstag ihrer Schwester Pauline, Mutter Agnes von Jesus.

Im Januar 1895 hatte Theresia mit ihren Selbstbiographischen Schriften begonnen. Hier im Gedicht spricht sie mit ihrem „Mütterchen" und läßt die Erinnerungen an ihre Jugend vorüberziehen. Sie erkennt die große Bedeutung, die providentielle Rolle der Schwester in ihrem Leben. Die Dankbarkeit veranlaßt sie zu diesem Gedicht voll Zärtlichkeit. Mutter Agnes ihrerseits nimmt das Gedicht auf unter die „kleinen Tröstungen", die sie am Ende ihres Lebens gerne noch einmal abschrieb und wieder las.

Weit weg vom schönen Himmel, meinem Vaterland,
Bin ich hienieden dennoch nicht allein,
Denn ein schöner Engel leitet meine Schritte
In der Verbannung dieses Lebens.

Dieser schöne Engel, meine geliebte Mutter,
Hat nahe bei meiner Wiege gesungen,
Und der Klang seiner Melodie
Scheint mir immer noch ganz neu.

Er besang die Liebreize Jesu,
Er besang die Freude eines reinen Herzens.
Mit seinem Flügel meine Träne trocknend,
Besang er den schönen blauen Himmel.

Er besang die Allmacht,
Die den goldenen Stern und die Blume erschuf.
Er besang den Gott der Kindheit,
Der die Reinheit der Lilien schützt.

Dieser schöne Engel, — welch tiefes Geheimnis! —
Nannte mich seine kleine Schwester.
Er hatte die Züge einer Mutter,
Und ich ruhte an seinem Herzen.

Im Schatten seiner weißen Flügel
Wuchs ich rasch heran;
Schon hatten die ewigen Gestade
Meine Kinderaugen entzückt.

Ich hätte die Erde verlassen,
Mit dem Engel zum Himmel fliegen
Und das göttliche Licht schauen mögen,
Wie es uns beide umgab.

Doch leider! Eines Tages nahm dieser schöne Engel
Statt mich zum Himmel mitzunehmen,
Seinen Aufschwung zum Karmel hin,
Indem er die Phalanx der Jungfrauen suchte.

Ach, ich hätte ihm folgen wollen,
Aus der Nähe seine Tugenden betrachten.
Von seinem Leben wünschte ich zu leben
Und mich wie er mit Jesus zu einen.

O Glück ohne jede Beimischung!
Jesus erhörte alle meine Wünsche.
Im Karmel, meinem schönen Engel ganz nahe,
Erwarte ich nichts mehr als den Himmel.

Und ich kann seine Melodie
Jetzt hören an jedem Tag.
An seiner Stimme entzündet sich
Meine entzückte Seele mit dem Feuer der Liebe.

Mutter, die Liebe schenkt mir Flügel.
Bald werde ich fortfliegen können
Zu den ewigen Hügeln,
Wohin Jesus mich in Gnade rufen möge!

Doch ohne den himmlischen Hof zu verlassen,
Werde ich auf dieses fremde Ufer
Ganz nahe zu meiner Mutter niedersteigen,
Um meinerseits ihr Engel zu sein.

Für mich wäre der Himmel ohne Reiz,
Könnte ich Sie nicht trösten,
Ihre Tränen in Lächeln verwandeln,
Alle meine Geheimnisse Ihnen entschleiern.

Die tiefe und himmlische Freude
Könnte ich ohne Sie nicht genießen.
Sie lange auf dieser Welt zu lassen, —
Oh, das könne ich nicht dulden.

Zusammen, meine geliebte Mutter,
Werden wir ins Vaterland fliegen
Auf der anderen Seite des blauen Himmels.
Immer werden wir den lieben Gott schauen!!!

23
An das heiligste Herz Jesu

21. Juni oder Ende Oktober 1895. — Erbeten von Schwester Marie vom heiligsten Herzen.

Marie versicherte, daß sie „alle diese Gedanken" während ihrer Exerzitien hatte. Das Gedicht steht der Weihehingabe Theresias an die Erbarmende Liebe vom 9. beziehungsweise 11. Juni nicht nur zeitlich nahe. Das durch die Lanze verwundete Herz Jesu bedeutet für sie die liebende Person Jesu, seine tiefen Empfindungen, die Liebe, die sein Herz erfüllt. In außergewöhnlicher Dynamik geht Theresia in ihrer Kühnheit immer weiter. Das Vertrauen auf ihren Bräutigam kennt keine Grenzen: „Ich denke, das Herz meines Bräutigams ist ganz mein und das meine ganz sein" (B 163). „Ich brauche ein Herz, das von Zärtlichkeit brennt ... Ich brauche einen Gott, der meine Natur annimmt ..." (4. Strophe).

Am heiligen Grab, als Maria Magdalena
Ihren Jesus suchte, beugte sie sich unter Tränen nieder.
Der Engel wollte ihre Pein lindern,
Doch nichts konnte ihren Schmerz beschwichtigen.
Nicht ihr wart es, ihr leuchtenden Engel,
Was diese brennende Seele zu suchen kam;
Sie wollte den Herrn der Engel schauen,
Ihn in ihre Arme nehmen, Ihn weit forttragen ...

Beim Grab war sie die Letzte geblieben.
Jetzt war sie, lange vor Tagesanbruch, schon gekommen.
Ihr Gott kam ebenfalls, Sein Licht verhüllend;
Maria konnte Ihn an Liebe nicht überbieten!
Er zeigte ihr zuerst Sein gesegnetes Antlitz,
Doch bald klang aus Seinem Herzen ein einziges Wort auf:

Den so lieblichen Namen Maria aussprechend,
Schenkte ihr Jesus wieder den Frieden, das Glück.

....

Eines Tages, o mein Gott, wollte ich wie Magdalena
Dich sehen, mich Dir nähern.
Mein Blick tauchte ein in die unendliche Weite,
In der ich nach dem Meister und König sorgfältig suchte.
Und ich rief aus, als ich nur die lautere Welle,
Das besternte Blau, die Blumen und die Vögel sah:
„Wenn ich Gott nicht sehe, du schimmernde Natur,
Bist du für mich nichts als nur ein unermeßliches Grab.

Ich brauche ein Herz, das von Zärtlichkeit brennt,
Das meine Stütze bleibt ohne jedes Zurück,
Das alles in mir liebt, selbst meine Schwäche,
Das weder bei Tag noch bei Nacht mich verläßt."
Ich habe kein Geschöpf finden können,
Das mich immer liebte, ohne je zu sterben.
Ich brauche einen Gott, der meine Natur annimmt,
Der mein Bruder wird und leiden kann.

Du hast mich erhört, einziger Freund, den ich liebe!
Um mein Herz zu entzücken, hast Du Dich sterblich gemacht.
Du hast Dein Blut vergossen, — welch höchstes Geheimnis! —
Und immer noch lebst Du für mich auf dem Altar.
Wenn ich den Glanz Deines Antlitzes nicht sehe,
Deine von Milde erfüllte Stimme nicht hören kann,
So kann ich doch, mein Gott, von Deiner Gnade leben;
Ich kann ruhen an Deinem heiligen Herzen!

O Herz Jesu, Schatzkammer an Zärtlichkeit,
Du bist mein Glück, meine einzige Hoffnung!
Du, der Du meine frühe Jugend zu entzücken wußtest,

Bleibe bei mir bis zum letzten Abend!
Herr, Dir allein habe ich mein Leben geschenkt,
Und alle meine Wünsche sind Dir wohlbekannt.
Es ist Deine immer unendliche Güte,
In die ich mich verlieren will, o Herz Jesu!

Ach, ich weiß es gut: Alle unsere Gerechtigkeiten
Haben vor Deinen Augen gar keinen Wert.
Doch um meinen Opfern Wert zu verleihen,
Will ich sie in Dein göttliches Herz werfen.
Selbst Deine Engel hast Du nicht ohne Makel gefunden.
Inmitten von Blitzen gabst Du Dein Gesetz.
In Deinem heiligen Herzen, o Jesus, berge ich mich;
Ich zittere nicht, denn meine Lauterkeit bist Du! ...

Um Deine Herrlichkeit schauen zu können,
Muß man, ich weiß es, durch's Feuer gehen;
Und ich, ich wähle mir zum Reinigungsort
Deine brennende Liebe, o Herz meines Gottes!
Wenn meine verbannte Seele dieses Leben verläßt,
Möchte sie einen Akt reiner Liebe machen
Und dann zum Himmel, ihrem Vaterlande, auffliegend,
Ohne jeden Umweg eintreten in Dein Herz.

....

24

Jesus, mein Vielgeliebter, erinnere Dich!

21. Oktober 1895. — Erbeten von Schwester Geneviève (Céline) zu ihrem Namenstag.

Céline berichtet: „Ich bat sie (Theresia), mir ein langes Gedicht zu schreiben, das Jesus an alles erinnern sollte, worauf ich um seinetwillen verzichtet hatte. Jede Strophe sollte enden mit den Worten eines Liedes, das uns gefiel: ‚Erinnere dich!' Nach meinem Dafürhalten war mir Jesus sehr zu Dank verpflichtet für die ungemein großen Opfer, die ich für ihn gebracht hatte! Ohne mir genau Rechenschaft zu geben, glaubte ich, daß ich hier dann eine Aufzählung meiner Verdienste finden würde. Ich hatte mein Anliegen doch gut erklärt; ebenso groß war nun mein Erstaunen, als Theresia mir das Gedicht übergab mit dem Titel: ‚Mein Vielgeliebter, erinnere dich!' Da war genau das Gegenteil von dem, was ich wollte, denn nicht meine Opfer für Jesus erwähnte sie hier, sondern die Opfer Jesu für mich … Aller Ruhm, jedes Verdienst wurde Jesus zugeschrieben, kein einziges mir selbst. Was ich hingeschenkt hatte, war offenbar nicht der Rede wert! Ich sagte nichts; erst später begriff ich, wie recht meine kleine Schwester hatte."

Unter Zugrundelegung des Evangeliums wird das ganze Leben Jesu entfaltet. Vielleicht wollen die 33 Strophen an die Lebensjahre Jesu erinnern. Theresia geht von jenen Worten des Herrn aus, „die am meisten Liebe atmen", jene, die „aus seinem milden Herzen hervorgingen".

Das vorliegende Gedicht gehört zusammen mit dem letzten „Warum ich dich liebe, Maria!" zu den hervorragendsten, die Theresia niederschrieb.

„Meine Tochter, suche jene meiner Worte, die am meisten Liebe atmen! Schreibe sie auf, und dann hab Sorge, sie oft wieder zu lesen, indem du sie sorgfältig wie Reliquien aufbewahrst! Wenn ein Freund im Herzen seines Freundes die erste Lebhaftigkeit seiner Zuneigung wieder wecken will, sagt er ihm: Erinnere dich an das, was du verspürtest, als du mir eines Tages jenes Wort sagtest! Oder auch: Erinnerst du dich an die Gefühle in jener Zeit, an jenem Tag, an jenem Ort? ... Glaube deshalb: Die kostbarsten Reliquien von mir sind auf dieser Erde die Worte meiner Liebe, die Worte, die aus meinem so milden Herzen hervorgingen."

(Worte des Herrn an die heilige Gertrud)

Erinnere Dich an die Herrlichkeit des Vaters,
Erinnere Dich an den göttlichen Lichtglanz,
Die Du verließest, um Dich auf die Erde zu verbannen,
Um alle die armen Sünder loszukaufen!
O Jesus, als Du Dich zur Jungfrau niederneigtest,
Hast Du Deine Größe und Deine unendliche Glorie verhüllt.
Ach, vom mütterlichen Schoße aus,
Der Dein zweiter Himmel war,
Erinnere Dich!

Erinnere Dich, daß am Tage Deiner Geburt
Die Engel den Himmel verlassen und gesungen haben:
„Unserem Gott sei Herrlichkeit, Ehre und Macht,
Und Friede den Herzen guten Willens!"
Seit neunzehn Jahrhunderten hältst Du Dich an Dein Versprechen.
Herr, der Friede ist der Reichtum Deiner Kinder.
Um Deinen unaussprechlichen Frieden
Für immer zu kosten,
Komme ich zu Dir.

Ich komme zu Dir, birg mich in Deinen Windeln!
In Deiner Krippe will ich immer bleiben;
Dort werde ich mit den Engeln singen können
Und Dich an die Freuden Deiner ersten Lebenstage erinnern.
O Jesus, erinnere Dich der Hirten und der Weisen,
Welche Dir freudig ihre Herzen und Huldigungen darbrachten,

An das unschuldige Gefolge,
Das Dir sein Blut schenkte,
Erinnere Dich!

Erinnere Dich, daß Du die Arme Mariens
Deinem göttlichen Thron vorzogst.
Kleines Kind, um Dein Leben zu erhalten,
Hattest Du nichts als die jungfräuliche Milch.
Zu diesem Festmahl der Liebe, das Deine Mutter Dir schenkt,
Geruhe, mich einzuladen, Jesus, mein kleiner Bruder!
Daß Deine kleine Schwester
Dein Herz zum Schlagen brachte,
Erinnere Dich!

Erinnere Dich, daß Du den demütigen Joseph
Deinen Vater nanntest, der durch die Anordnung des Himmels,
Ohne Dich zu wecken, an der Brust Deiner Mutter
Dich den Wutanfällen eines Sterblichen zu entreißen verstand.
Göttliches Wort, entsinne Dich dieses merkwürdigen Geheimnisses:
Du bewahrtest das Schweigen und ließest einen Engel reden!
Von Deiner fernen Verbannung her
An den Ufern des Nils
Erinnere Dich!

Erinnere Dich, daß an anderen Ufern
Die goldenen Sterne und der silberne Mond,
Die ich im Blau ohne Wolken betrachte,
Deine Kinderaugen erfreut und entzückt haben!
Mit Deiner kleinen Hand, die Maria liebkoste,
Hieltest Du die Welt und gabst ihr das Leben.
Und Du dachtest an mich,
Jesus, mein kleiner König,
Erinnere Dich!

Erinnere Dich, daß Du in der Einsamkeit
Mit Deinen göttlichen Händen gearbeitet hast!
In Vergessenheit zu leben, war Dein liebstes Streben.
Du lehntest das Wissen der Sterblichen ab.
O Du, der Du mit einem einzigen Wort die Welt entzücken konntest,
Es hat Dir gefallen, Deine tiefe Weisheit zu verbergen.
Du erschienst unwissend,
O allmächtiger Herr,
Erinnere Dich!

Erinnere Dich, daß Du, fremd auf der Erde,
Unstet warst, Du, das ewige Wort!
Du hattest nichts ... Nein, nicht einmal einen Stein,
Keinen Zufluchtsort wie die Vögel des Himmels.
O Jesus, komm zu mir, komm, um Dein Haupt zur Ruhe zu legen!
Komm! Um Dich aufzunehmen, ist meine Seele ganz bereit.
Mein vielgeliebter Erlöser,
Ruhe Dich in meinem Herzen aus!
Es gehört Dir ...

Erinnere Dich der göttlichen Zärtlichkeiten,
Mit denen Du die kleinsten Kinder überhäuftest!
Auch ich will Deine Liebkosungen empfangen.
Ach, gib mir Deine liebevollen Küsse!
Um im Himmel Deine süße Gegenwart zu genießen,
Werde ich die Tugenden des Kindseins zu üben wissen.
Hast Du nicht oft gesagt:
„Der Himmel ist für das Kind.“?
Erinnere Dich!

Erinnere Dich, daß am Rande des Brunnens
Ein Wanderer, vom Wege ermüdet,
Die Fluten der Liebe, die Seine Brust umschloß,
Auf die Samariterin überfließen ließ!

Ach, ich kenne Ihn, der zu trinken bat!
Er ist das Geschenk Gottes, die Quelle der Glorie,
Er ist es, das Wasser, das aufsprudelt;
Er ist es, der uns gesagt hat:
„Kommt zu Mir!“

„Kommt zu Mir, ihr armen, beladenen Seelen!
Eure schweren Lasten werden bald leichter werden,
Und, für immer vom Durst befreit,
Werden Quellen aus eurem Innern entspringen.“
Ich habe Durst, o mein Jesus! Nach diesem Wasser verlange ich.
Möchtest Du doch mit seinen göttlichen Sturzbächen meine Seele überfluten!
Um im Ozean der Liebe
Meinen Aufenthalt für immer zu nehmen,
Komme ich zu Dir.

Erinnere Dich, daß als Kind des Lichtes
Ich oft vergesse, meinem König gut zu dienen.
O hab Erbarmen mit meinem großen Elend!
In Deiner Liebe, Jesus, verzeihe mir!
Möchtest Du mich für die Dinge des Himmels geschickt machen!
Zeige mir die im Evangelium verborgenen Geheimnisse!
Ach, daß dieses goldene Buch
Mein liebster Schatz sei,
Erinnere Dich!

Erinnere Dich, daß Deine göttliche Mutter
Über Dein Herz eine wunderbare Macht hat!
Erinnere Dich, daß Du eines Tages auf ihre Bitte hin
Das Wasser in köstlichen Wein verwandeltest!
Möchtest Du auch meine unvollkommenen Werke umwandeln
Auf die Stimme Mariens hin! Herr, mache sie vollkommen,

Auf daß ich ihr Kind bin!
O Jesus, sehr oft
Erinnere Dich!

Erinnere Dich, daß Du bei Sonnenuntergang
Oft die Hügel bestiegest;
Erinnere Dich an Deine göttlichen Gebete,
An Deine Gesänge der Liebe zur Schlafenszeit!
Dein Gebet, o mein Gott, ich opfere es mit Wonne
Während meiner Gebete auf, und dann beim heiligen Stundengebet,
Dabei Deinem Herzen ganz nahe,
Singe ich mit Freude:
Erinnere Dich!

Erinnere Dich, daß beim Anblick der Felder
Dein göttliches Herz den Ernten vorauseilte!
Deine Augen zum heiligen Berg erhebend,
Flüstertest Du die Namen Deiner Erwählten ...
Auf daß Deine Ernte bald eingebracht werde,
Opfere ich mich, mein Gott, jeden Tag und bitte:
Daß meine Freuden und meine Tränen
Für die Schnitter sind,
Erinnere Dich!

Erinnere Dich an das Fest der Engel,
Erinnere Dich an die Harmonie des Himmels
Und an die Freude der hohen Heerscharen,
Wenn ein Sünder zu Dir die Augen erhebt!
Ach, diese große Freude will ich vermehren;
Jesus, für die Sünder will ich ohne Unterlaß beten.
Daß ich zum Karmel kam,
Um Deinen schönen Himmel zu bevölkern,
Erinnere Dich!

Erinnere Dich an die sehr süße Flamme,
Die Du in den Herzen entzünden wolltest!
Dieses Feuer vom Himmel, Du hast es in meine Seele gelegt.
Ich will seine Gluten auch ausbreiten.
Ein schwacher Funke, — o Geheimnis des Lebens! —
Genügt, um einen riesigen Brand zu entfachen.
Daß ich, o mein Gott,
Dein Feuer in die Ferne tragen will,
Erinnere Dich!

Erinnere Dich an jenes glänzende Gastmahl,
Das Du Deinem reumütigen Sohn bereitet hast!
Erinnere Dich, daß für die arglose Seele
Du selbst sie in jedem Augenblick nährst.
Jesus, mit Liebe nimmst Du den Verlorenen auf,
Aber für mich haben die Fluten Deines Herzens keinen Damm.
Mein Vielgeliebter, mein König,
Daß Deine Güter mir gehören,
Erinnere Dich!

Erinnere Dich, daß Du, die Glorie mißachtend,
Um Deine göttlichen Wunder zu zeigen,
Ausriefst: „Wie könnt ihr glauben,
Wenn ihr die Ehre von Menschen sucht? ...
Die Werke, die ich tue, kommen euch erstaunlich vor;
Meine Freunde werden noch viel auffallendere tun."
Daß Du demütig warst und mild,
Jesus, mein zärtlicher Bräutigam,
Erinnere Dich!

Erinnere Dich, daß in einer heiligen Trunkenheit
Der jungfräuliche Apostel sich Deinem Herzen nahte!
Er erkannte bei seinem Ruhen Deine Zärtlichkeit.
Alle Deine Geheimnisse, er hat sie verstanden, Herr.

Auf Deinen geliebten Jünger bin ich keineswegs eifersüchtig;
Ich kenne Deine Geheimnisse, denn ich bin Deine Braut.
O mein göttlicher Erlöser,
Ich schlummere an Deinem Herzen ein.
Es gehört mir!

Erinnere Dich, wie sich am Abend der Todesangst
Deine Tränen mit Deinem Blute mischten!
Tau der Liebe, sein unendlicher Wert
Ließ jungfräuliche Blüten aufkeimen.
Ein Engel, der Dir diese erlesene Ernte zeigte,
Ließ die Freude auf Deinem gesegneten Antlitz wieder aufleuchten.
Jesus, daß Du mich erblicken wolltest
Inmitten Deiner Lilien,
Erinnere Dich!

Erinnere Dich, daß Dein fruchtbarer Tau,
Der die Blumenkronen jungfräulich macht,
Sie befähigt hat, schon in dieser Welt
Dir eine große Zahl von Herzen zu bereiten.
Ich bin Jungfrau, o Jesus! Welch ein Geheimnis jedoch:
Wenn ich mich mit Dir vereinige, bin ich Mutter der Seelen.
Jungfräuliche Blumen
Retten die Sünder.
Erinnere Dich!

Erinnere Dich, daß ein Verurteilter,
Von Leiden durchtränkt, sich zum Himmel wandte
Und ausrief: „Bald werdet ihr Mich
In meiner Macht herrlich erscheinen sehen."
Daß Er der Sohn Gottes war, niemand wollte es glauben,
Denn sie war verborgen, Seine unaussprechliche Herrlichkeit,
Du Fürst des Friedens,
Ich erkenne Dich,
Ich glaube an Dich!

Erinnere Dich, daß Dein göttliches Antlitz
Unter den Deinen immer unbekannt war!
Mir aber ließest Du Dein mildes Bild zurück,
Und Du weißt es, ich habe Dich sehr wohl erkannt ...
Ja, ich erkenne Dich, ganz in Tränen eingehüllt,
Du Antlitz des Ewigen! Ich entdecke Deinen Liebreiz.
Jesus, an alle Herzen,
Die Deine Tränen sammeln,
Erinnere Dich!

Erinnere Dich an die liebevolle Klage,
Die sich Deinem Herzen am Kreuz entrang!
Ach, in meines, Jesus, ist sie eingeprägt,
Und ich teile Deinen brennenden Durst.
Je mehr ich mich von Deinen göttlichen Flammen entbrannt fühle,
Desto mehr bin ich vom Durst verzehrt, Dir Seelen zu schenken.
Daß ich von einem Durst der Liebe
Bei Nacht und bei Tag brenne,
Erinnere Dich!

Erinnere Dich, Jesus, Wort des Lebens,
Daß Du mich geliebt hast bis zum Sterben für mich!
Auch ich möchte Dich bis zur Torheit lieben.
Auch ich möchte leben und sterben für Dich.
Du weißt es, o mein Gott: Alles, was ich wünsche, ist,
Zu bewirken, daß man Dich liebt, und eines Tages Martyrin zu sein.
Aus Liebe will ich sterben.
Herr, an meine Sehnsucht
Erinnere Dich!

Erinnere Dich, daß Du am Tage Deines Sieges
Uns sagtest: „Jener, der nicht gesehen hat
Den Sohn Gottes, ganz in Herrlichkeit strahlend,
Er ist selig, wenn er dennoch geglaubt hat!"

Im Dunkel des Glaubens liebe ich Dich und bete Dich an.
O Jesus, um Dich zu sehen, erwarte ich im Frieden das Morgenrot.
Daß mein Verlangen nicht ist,
Dich hienieden zu schauen,
Erinnere Dich!

Erinnere Dich, daß Du, aufsteigend zum Vater,
Uns nicht als Waisen zurücklassen konntest!
Als Du Dich zum Gefangenen auf der Erde machtest,
Hast Du verstanden, alle Deine Strahlen zu verhüllen.
Doch der Schatten Deines Gewandes ist leuchtend und rein.
Lebendiges Brot des Glaubens, himmlische Nahrung,
O Geheimnis der Liebe!
Mein Brot jeden Tages,
Jesus, bist Du!

Jesus, Du bist es, der trotz der Schmähungen
Der Feinde des Sakramentes der Liebe, —
Du bist es, der zeigen will, wie sehr Du mich liebst,
Da Du in meinem Herzen Deinen Aufenthalt nimmst.
O Brot der Verbannten! Heilige und göttliche Hostie,
Nicht mehr ich bin es, die lebt, vielmehr lebe ich von Deinem Leben.
Dein goldener Kelch,
Unter allen bevorzugt,
Jesus, das bin ich!

Jesus, ich bin Dein lebendiges Heiligtum,
Das die Bösen nicht entweihen können.
Bleibe in meinem Herzen! Ist es nicht ein Beet,
Aus dem jede Blume sich Dir zuwenden will?
Aber wenn Du Dich entfernst, Du weiße Lilie der Täler,
Dann wären, Du weißt es gut, meine Blumen rasch entblättert.
Immer, mein Vielgeliebter,
Jesus, duftende Lilie,
Erblühe in mir!

Erinnere Dich, daß ich auf Erden
Dich trösten will, wenn die Sünder Dich vergessen!
Meine einzige Liebe, erhöre mein Gebet!
Ach, um Dich zu lieben, schenke mir tausend Herzen!
Doch das ist noch viel zu wenig, Jesus, höchste Schönheit!
Schenk mir, um Dich zu lieben, Dein göttliches Herz selbst!
An mein brennendes Verlangen,
Herr, in jedem Augenblick
Erinnere Dich!

Erinnere Dich, daß Dein heiliger Wille
Meine Ruhstatt ist, mein einziges Glück!
Ich gebe mich hin und schlummere ohne Furcht ein
In Deinen Armen, mein göttlicher Erlöser!
Falls Du auch einschläfst, während der Sturm grollt,
Will ich doch immer in einem tiefen Frieden bleiben.
Doch während Deines Schlummers,
Jesus, bereite mich vor
Auf das Erwachen!

Erinnere Dich, daß ich oft seufze
Nach dem Tag des großen Ereignisses!
Schicke bald Deinen Engel, der uns sagen muß:
„Wacht auf! Es gibt keine Zeit mehr ...“
Dann werde ich den Raum rasch durchqueren.
Herr, ganz nahe bei Dir, werde ich meinen Platz einnehmen.
Daß im ewigen Aufenthalt
Du mein Himmel sein mußt,
Erinnere Dich!

25

Meine Wünsche an Jesus, verborgen im Gefängnis der Liebe

Herbst (?) 1895. — Erbeten von Schwester Saint-Vincent-de-Paul.

Die heilige Eucharistie nimmt im geistlichen Leben Theresias einen zentralen Platz ein; drei Gedichte wenden sich direkt an die heilige Hostie (Nr. 19, 25, 40). 20 Strophen anderer Gedichte sind ebenfalls ihr gewidmet. Theresia will keine vollständige Lehre über die heilige Eucharistie vorlegen; sie betrachtet sie vielmehr unter den beiden Gesichtspunkten: die heilige Eucharistie ist das Sakrament der umformenden Einigung mit Jesus (und dies ist das letzte Ziel ihrer Wünsche), und sie ist das Sakrament der bleibenden Gegenwart; die auf sie bezogene Anbetung ist auf die Angleichung an das verborgene Leben Christi im Sakrament ausgerichtet. Die Originalität Theresias zeigt sich in ihrem anspruchsvollen Realismus.

Kleiner Schlüssel, wie beneide ich dich!
Du kannst jeden Tag aufschließen
Das Gefängnis der Eucharistie,
Wo der Gott der Liebe wohnt.
Aber, — welch süßes Wunder! — ich kann
Durch eine bloße Anstrengung meines Glaubens
Den Tabernakel ebenfalls öffnen,
Mich dort nahe dem göttlichen König bergen.

Mich verzehrend nahe bei meinem Gott,
Möchte ich in dem Heiligtum
Immer geheimnisvoll leuchten
Wie die Lampe am heiligen Ort ...
O welches Glück! Ich trage in mir Flammen,
Und ich kann für Jesus jeden Tag

Eine große Zahl von Seelen gewinnen,
Indem ich sie mit Seiner Liebe entzünde.

Jeden Morgen beneide ich dich,
Heiliger Stein des Altars!
Wie in dem gesegneten Stall
Will der Ewige auf dir Leben gewinnen ...
Ach, möchtest Du doch mein Gebet erhören!
Komm in meine Seele, milder Erlöser!
Weit davon entfernt, ein kalter Stein zu sein,
Ist sie der Seufzer nach Deinem Herzen!

O Korporale, von Engeln umgeben,
Wie beneidenswert ist dein Los!
Auf dir wie in den bescheidenen Windeln
Sehe ich Jesus, meine einzige Kostbarkeit.
Wandle mein Herz um, Jungfrau Maria,
In ein reines und schönes Korporale,
Um die weiße Hostie aufzunehmen,
Wo sich dein sanftes Lamm verbirgt!

Heilige Patene, ich beneide dich.
Jesus kommt, um auf dir zu ruhen.
Daß doch Seine unendliche Größe
Sich bis zu mir niederneigen möge!
Jesus, erfülle meine Hoffnung,
Warte nicht auf den Abend meines Lebens!
Er kehrt bei mir ein. Durch Seine Gegenwart
Bin ich eine lebendige Monstranz!

O, wie beneide ich den glückseligen Kelch,
In dem ich das göttliche Blut anbete!
Aber ich kann es beim heiligen Opfer
Jeden Morgen auffangen.

Meine Seele liegt Jesus mehr am Herzen
Als die wertvollen Goldgefäße.
Der Altar ist ein neuer Kalvarienberg,
Wo Sein Blut jetzt noch für mich fließt.

Jesus, heiliger und geheiligter Weinstock!
Du weißt es, mein göttlicher König,
Ich bin eine goldene Traube,
Die für Dich verschwinden muß ...
Unter der Kelter des Leidens
Werde ich Dir meine Liebe beweisen.
Ich will keine andere Freude,
Als mich jeden Tag hinzuopfern.

O welche Freude! Ich bin auserwählt
Unter die Körner von reinem Weizen,
Die für Jesus das Leben verlieren.
Sehr groß ist mein Entzücken!
Ich bin Deine geliebte Braut.
Mein Vielgeliebter, komm, um in mir zu leben!
O komm! Deine Schönheit hat mich entzückt.
Möchtest Du doch mich in Dich umgestalten!

26
Die Antworten der heiligen Agnes

21. Januar 1896. — Zum Namenstag der Priorin, Mutter Agnes von Jesus (Pauline).

Genau an diesem Tag übergibt ihr Theresia das erste Heft ihrer Selbstbiographie. Hier wie dort singt sie das gleiche Magnificat. Es ist ein Verlobungsgedicht, in dem Theresia wie eine für ihren Bräutigam reich geschmückte Braut erscheint. Ein Jahr des Friedens, der Liebe und des Lichtes liegt hinter ihr. Sie ist für die Hochzeit bereit. Bald wird sie den „ersten Ruf" hören; tragisch gewiß, weil es sich um einen Blutsturz handelt; dennoch macht dieser Ruf sie froh „wie ein süßes und fernes Flüstern, das mir das Nahen des Bräutigams kündete" (SS 218).

Theresia wählt auf den Wunsch ihres Mütterchens aus dem Stundengebet die Antworten der heiligen Agnes aus und bringt sie in Verse. Auch wenn Theresia sich hier mit der heiligen Agnes identifiziert, spricht sie doch eigentlich für sich selbst in der ersten Person.

Christus ist meine Liebe; Er ist mein ganzes Leben,
Er ist der Bräutigam, der allein meine Augen entzückt.
Ich höre schon Seinen süßen Wohlklang,
    Die melodischen Töne.

Er hat meine Hand geschmückt mit Perlen ohnegleichen;
Er hat meinen Hals geschmückt mit Bändern von großem Wert.
Die reichen Diamanten, die man an meinen Ohren sieht,
    Sind ein Geschenk Christi.

Er hat mich ganz mit Edelsteinen geschmückt.
Schon glänzt Sein Ehering an meinem Finger.
Es hat Ihm gefallen, meinen jungfräulichen Mantel
    Mit leuchtenden Perlen zu bedecken.

Ich bin die Braut dessen, Dem die Engel
Die ganze Ewigkeit hindurch mit Beben dienen.
Der Mond und die Sonne erzählen Sein Lob,
    Bewundern Seine Schönheit.

Sein Reich ist der Himmel; Seine Natur ist göttlich.
Die unbefleckte Jungfrau hat Er Sich zur Mutter erkoren.
Sein Vater ist der wahre Gott, der keinen Ursprung hat;
    Er ist reiner Geist.

Wenn ich Christus liebe und wenn ich Ihn berühre,
Wird mein Herz reiner, und ich bin noch keuscher.
Der Kuß Seines Mundes hat mir geschenkt
    Den Reichtum der Jungfräulichkeit.

Schon hat Er Sein Zeichen auf mein Antlitz gedrückt,
Auf daß kein Liebender wage, sich mir zu nähern.
Ich fühle mich gehalten durch die göttliche Gnade
    Meines liebenswürdigen Königs.

Von Seinem kostbaren Blut sind meine Wangen gefärbt.
Schon meine ich, die Wonnen des Himmels zu kosten;
Denn auf Seinen geheiligten Lippen kann ich sammeln
    Sowohl die Milch als den Honig.

Ich fürchte auch nichts, weder Eisen noch Feuer.
Nein, nichts kann meinen unaussprechlichen Frieden stören.
Und das Feuer der Liebe, das meine Seele verzehrt,
    Wird niemals erlöschen!

27

Andenken an den 24. Februar 1896

24. Februar 1896. — Erbeten von Schwester Geneviève (Céline) zu ihrem Profeßtag.

Am Schluß des Gedichtes steht: „Theresia vom Kinde Jesus vom heiligen Antlitz für ihre tausendmal geliebte Schwester." Theresia verfaßte das kleine Gedicht „nach Erfüllung ihrer Aufgaben im Noviziat; aber wegen besonders peinlicher Umstände für uns vier (leibliche Schwestern) mußte sie ‚verschwinden', und Mutter Marie de Gonzague ließ das Lied der Gemeinschaft durch Schwester Marie des Anges verfassen". Céline mußte sich, wie sie selbst sagt, mit einem „kleinen Überbleibsel" zufriedengeben. Theresia selbst war mit ihrem Gedicht „nicht zufrieden", berichtet Céline, „und als sie ‚Meine Waffen' dichtete für die Gelübdeablegung von Schwester Marie de l'Eucharistie, sagte sie zu mir: ‚Das ist es, was ich Ihnen anbieten wollte; betrachten Sie es als für Sie selbst gemacht.'" Dennoch ist Theresia an diesem Tage überaus froh, weil Céline nun durch die Gelübdeablegung endgültig „im gleichen Karmel" und „unter dem gleichen Dach" ist wie sie und ihre Schwestern.

1. Chor
O unaussprechliche Erinnerung
An den schönen Tag unter anderen Tagen!
Deine unvergleichliche Süße, —
Ich werde sie immer bewahren ...

2. Chor
Jesus bin ich geeint
Durch die Bande der Liebe,
Und Seine unendliche Größe
Festigt in mir Sein Bleiben.

1. Kehrvers
O welch unaussprechliche Berauschung!
Ich fühle in mir schlagen
Das Herz meines Bräutigams, meines Königs,
Das von Zärtlichkeit brennt.

3. Chor
Wenn ich mit meinem Bräutigam lebe,
Ertrage ich die Verbannung ohne Pein.
Sie ist sehr sanft, diese Kette,
Die mich mit einem eifersüchtigen Gotte eint.

4. Chor
O göttliche Eifersucht.
Du hast mein Herz verwundet!
Mein ganzes Leben lang wirst Du sein
Meine Ruhe und mein Glück.

2. Kehrvers
Möchtest Du doch mein ganzes Sein verzehren!
Jesus allein darf in mir leben.
Hinfort will ich nichts sein
Als der Schleier meines Königs!

28
Der ewige Gesang, schon in der Verbannung gesungen

1. März 1896. — Zum Namenstag von Schwester Marie de Saint-Joseph am 19. März, vielleicht von ihr selbst erbeten.

Theresia hält sich nicht bei den psychologischen Schwächen ihrer Gefährtin auf; sie macht es für sie wie Jesus: sie vergißt „das große Elend“ dieser Mitschwester und spricht dieser Jüngerin guten Willens nur von „Liebe.“ Bald wird sie mit ihr in der Wäscheabteilung zusammenarbeiten müssen.

Deine verbannte Braut kann auf dem fremden Ufer
Den ewigen Gesang der Liebe singen,
Denn, mein guter Jesus, Du willst sie auf der Erde
Mit dem Feuer Deiner Liebe entzünden wie im Himmel.

Mein Vielgeliebter, Du höchste Schönheit,
Du schenkst mir Dich selbst.
Aber als Gegengabe,
Jesus, liebe ich Dich,
Und mein Leben ist nichts als ein einziger Akt der Liebe.

Du vergißt mein großes Elend
Und kommst, um in meinem Herzen zu wohnen.
Meine schwache Liebe, — ach, welch ein Geheimnis —
Genügt, Herr, um Dich zu fesseln. (2mal)

Mein Vielgeliebter, ... usw.

Liebe, die mich entflammt,
Durchdringe meine Seele!
Komm, ich rufe nach Dir,
Komm, verzehre mich!

Deine Glut bedrängt mich,
Und ich will ohne Unterlaß,
Du göttlicher Glutofen,
Mich in Dich versenken.

Herr, das Leiden
Wird Freude,
Wenn die Seele sich aufschwingt
Zu Dir ohne Zurück.

Himmlisches Vaterland,
Freuden des anderen Lebens,
Meine entzückte Seele
Kostet euch immerdar.

Himmlisches Vaterland,
Freuden des anderen Lebens,
Nur Liebe seid ihr!

29

Andenken an den 30. April 1896

30. April 1896. — Zum Profeßtag von Schwester Marie de la Trinité. Die beiden letzten Strophen richten sich an Mutter Marie de Gonzague.

Marie de la Trinité sagt: ,,Dieser Tag war mehr ein Tag im Himmel als auf der Erde. Theresia vom Kinde Jesus schien ebenso glücklich wie ich und sagte zu mir: ‚Ich komme mir vor wie Jeanne d'Arc bei der Krönung von Charles VII.!' Ihr habe ich es auch wirklich zu verdanken, daß es mir gelang, Karmelitin zu werden. Mein Mangel an Tugend, an Gesundheit, aber auch die wenige Sympathie, die ich in der Kommunität fand, weil ich aus einem anderen Karmel kam, schufen mir tausend beinahe unübersteigbare Schwierigkeiten. In diesen peinlichen Augenblicken war es allein die Dienerin Gottes, die mich tröstete, mich ermutigte und die Gelegenheiten geschickt aufgriff, um meine Sache bei den Schwestern zu verteidigen, die gegen mich waren. Und sie wiederholte: ‚Mit welch bereitem Herzen würde ich mein Leben hingeben, damit Sie Karmelitin seien!' "

Meiner lieben kleinen Schwester,
Marie de la Trinité et de la Sainte Face.

Wie gut ist es für uns, geliebte Schwester,
Diesen leuchtenden Tag zu besingen,
Den schönsten Tag Ihres Lebens,
Der Sie mit dem König des Himmels vereint!

Ihre verbannte Seele sah sich
An diesem Morgen mit Glanz umkleidet,
Wie sie in einem unbefleckten Schmuck
Sich für den Herrn opferte.

Als die glückselige Dreifaltigkeit
Ihre Seele einstens betrachtete,
Hatte sie diese mit ihrer Flamme gezeichnet,
Indem sie ihre Schönheit Ihnen enthüllte.

Das göttliche Antlitz betrachtend,
Haben Sie Verlangen gespürt,
Alles, was vergänglich ist, geringzuschätzen,
Alles, was bald ein Ende nehmen muß.

Die Sintflut der Welt fürchtend,
Haben Sie den Himmel angerufen.
Er ließ Sie einen Zufluchtsort finden
In der gesegneten Arche des Karmels.

Aber leider! Sie arme Flüchtige
Mußten die Arche verlassen;
Lange mußten Sie seufzen
Wie die klagende Taube.

Das grüne Blattwerk des Ölbaums
Begann endlich, Ihren Augen zu leuchten.
Es hat Ihnen den schattigen Platz gezeigt
Im kleinen Karmel von Lisieux.

Den Raum sofort überquerend,
Sind Sie gekommen, um unter uns
Den letzten Platz zu erbitten
Mit dem Willen zu leiden, mit dem Willen zu lieben!

Als Jesus sich selbst hinopferte,
Hat Er uns an Seinem letzten Tag gesagt:
„Sein Leben hingeben für jene, die man liebt, —
Eine größere Liebe gibt es nicht."

Auf dieses gebenedeite Wort hin
Hat sich Ihr Herz ganz entflammt.
Sie haben Leben für Leben gegeben
Jesus, Ihrem Vielgeliebten.

Jetzt, glückliches Opfer,
Die Sie sich der Liebe ausliefern,
Kosten Sie die Freude, den innersten Frieden,
Wenn Sie sich jeden Tag aufbrauchen.

Ihre Seele seufzt nach der Liebe;
Sie ist Ihr leuchtendes Gestirn.
Die Liebe wird Ihr Martyrium sein;
Die Liebe wird Ihnen den Himmel öffnen.

(An unsere Mutter)

Durch Sie geschah es, geliebte Mutter,
Daß wir an diesem Morgen gesehen haben,
Wie diese weiße und neue Hostie
Sich dem göttlichen Lamme opfert.

Diese Hostie wird Ihr Ruhm sein.
Jesus wird sie aufleuchten lassen
In dem geheimnisvollen Kelch,
Den Ihr Herz zu füllen wußte.

30
Erläuterung über das Göttliche

30. April 1896. — Wiederum zur Profeß von Schwester Marie de la Trinité.

Niemand hat wie Marie de la Trinité von der Liebe der heiligen Theresia für ihren Ordensvater, den heiligen Johannes vom Kreuz, gesprochen. Lange nach dem Tod Theresias wiederholte Marie de la Trinité noch einen Lieblingstext Theresias aus dem heiligen Johannes vom Kreuz: „O ihr Seelen, die ihr in der Freude und in der Sicherheit ausschreiten wollt …" Theresia hatte ihn so kommentiert: „Die Leiden gut aufnehmen, verdient uns die Gnade eines noch größeren Leidens oder vielmehr einer tieferen Reinigung, um zur vollkommenen Liebesvereinigung zu gelangen. Ach, seitdem ich dies begriffen hatte, war mir die Kraft geschenkt für jedes Leiden" (loses Blatt von Schwester Marie de la Trinité, ohne Datum, nach 1926). Seit ihrem Noviziat hatte Theresia das begriffen, besonders im Zusammenhang mit der demütigenden Krankheit ihres Vaters.

Zusammengestellt durch unseren Vater, den heiligen Johannes vom Kreuz, und in Verse gebracht von der allerkleinsten seiner Töchter, um die Profeß ihrer lieben Schwester Marie de la Trinité et de la Sainte Face zu feiern.

> Gestützt ohne jede Stütze,
> Ohne Licht und in den Finsternissen
> Schreite ich voran, mich in Liebe verzehrend...

Ich habe der Welt, — welch äußerstes Glück! —
Ein ewiges Lebewohl gesagt!
Über mich selbst hinausgehoben,
Habe ich keine andere Stütze als meinen Gott.
Und jetzt verkünde ich es feierlich:
Was ich in seiner Nähe schätze, ist,

Meine Seele zu sehen und zu empfinden
Als gestützt ohne jede Stütze!

Wenn ich auch ohne Licht sehr leide
In diesem vergänglichen Leben, das nur einen Tag währt,
So besitze ich wenigstens auf Erden
Das göttliche Leben der Liebe ...
Auf dem Weg, dem ich folgen muß,
Findet sich mehr als nur eine Gefahr.
Doch sehr gerne will ich aus Liebe leben
In den Finsternissen der Verbannung.

Dabei habe ich die Erfahrung: Die Liebe weiß,
Aus dem Guten wie aus dem Schlechten, das sie in mir findet,
Nutzen zu ziehen. Welch eine Kraft!
Sie gestaltet meine Seele in sich um.
Dieses Feuer, das in meiner Seele brennt,
Durchdringt mein Herz, ohne nachzulassen.
So schreite ich in seiner liebenswerten Flamme voran,
Mich in Liebe verzehrend.

31
Der Gesang von Schwester Marie de la Trinité et de la Sainte-Face

31. Mai 1896. — Zum Namenstag von Schwester Marie de la Trinité.

„Es ist spät, schon neigt sich der Tag." Seit zwei Monaten weiß Theresia, daß der Tod nahe ist. Die Glaubensnacht senkt sich auf ihre Seele. Doch Jesus „bleibt bei mir" auf dem dunklen Weg, bei diesem Aufstieg auf den Berg Kalvaria. Wie zu den Emmanusjüngern sagt er ihr: „Mußte nicht Christus all dies leiden und so in seine Herrlichkeit eingehen?" Sein „Flammenwort verbrenne das Herz" Theresias.

Zahlreiche Entwürfe zeigen, daß diese große Leidenschaft sich nur mit einiger Schwierigkeit in Versform gießen ließ. Dennoch spürt man dem fertigen Gedicht diese Mühe nicht an. Marie de la Trinité erkennt in diesem Gedicht die beste ihrer Sehnsüchte wieder.

In Deiner Liebe, als Du auf Erden in der Verbannung weiltest,
Hast Du, göttlicher Jesus, Dich für mich geopfert.
Mein Vielgeliebter, nimm mein Leben vollständig hin!
Ich will leiden, ich will sterben für Dich ...

Kehrvers 1
Herr, Du hast es uns selbst gesagt:
„Nichts Größeres kann man tun,
Als sterben für jene, die man liebt."
Und meine höchste Liebe,
Jesus, das bist Du!

Es wird spät, schon neigt sich der Tag.
Komm, mich auf dem Weg zu führen, Herr!
Mit Deinem Kreuz steige ich den Hügel hinan.
Bleibe bei mir, himmlischer Pilger!

Kehrvers 2
Deine Stimme findet Echo in meiner Seele.
Ich will Dir gleichen, Herr!
Das Leiden, — ich beanspruche es.
Dein Flammenwort
Verbrenne mein Herz!

Er gehört Dir, der ewige Sieg.
Die Engel sind entzückt, wenn sie ihn besingen.
Doch um in Deine hohe Herrlichkeit einzutreten,
War es notwendig, Herr, daß Du littest.

Kehrvers 3
Welche Verachtung hast Du doch auf dem fremden Ufer
Erfahren, und das für mich!
Ich möchte mich auf Erden verbergen,
In allem die Letzte sein
Für Dich, o Jesus!

Mein Vielgeliebter, Dein Beispiel lädt mich ein,
Mich zu erniedrigen, die Ehre geringzuschätzen.
Um Dich zu entzücken, will ich klein bleiben.
Mich selbst vergessend, werde ich Dein Herz erfreuen.

Kehrvers 4
Mein Friede ist in der Einsamkeit.
Ich verlange nichts weiter hinzu.
Dir zu gefallen, ist mein einziges Streben,
Und meine Seligkeit,
Das bist Du, o Jesus!

Du, der große Gott, den der ganze Himmel anbetet,
Du lebst als Gefangener in mir bei Nacht und bei Tag.
Deine sanfte Stimme fleht mich zu jeder Stunde an,
Du wiederholst mir: „Ich habe Durst ... Mich dürstet nach Liebe!"

Kehrvers 5
Auch ich bin Deine Gefangene,
Und ich möchte meinerseits
Die zarte und göttliche Bitte wiederholen:
„Mein Vielgeliebter, mein Bruder,
Ich dürste nach Liebe!“

Ich dürste nach Liebe. Erfülle meine Hoffnung!
Vermehre, Herr, in mir Dein göttliches Feuer!
Ich dürste nach Liebe; sehr groß ist mein Leiden.
Ach, zu Dir möchte ich fliegen, mein Gott!

Kehrvers 6
Deine Liebe ist mein einziges Martyrium.
Je mehr ich sie in mir brennen spüre,
Desto mehr verlangt meine Seele nach Dir.
Jesus, bewirke, daß ich mein Leben
Aushauche aus Liebe zu Dir!!!

32

Mein Himmel für mich

7. Juni 1896. — Erbeten von Schwester Saint-Vincent-de-Paul.

Am Anfang und am Schluß spielt Theresia auf ihre Glaubensprüfung an, die sie freilich im Ausdruck herunterzuspielen versucht. Um ihre Liebe in der Dunkelheit zu stärken, besitzt sie zwei mächtige Hilfen: den apostolischen Eifer („die Blicke Jesu“ auf die Seelen ziehen, sagt der Entwurf) und die vollkommene Hingabe des „Kindes“. Als erste lebt sie selbst das, was sie einer ihrer Schwestern anraten wird, „nicht mehr gegen die nächtlichen Wahnbilder zu kämpfen“ (B 318).

Obwohl Theresia das Gedicht als „ihre ganz kleine Schwester“ unterzeichnet, entlohnt ihr Schwester Saint-Vincent-de-Paul das sehr schlecht, als sie einige Wochen vor dem Tod der Heiligen als zusammenfassendes Urteil aussprach: „Sie ist eine nette kleine Schwester, doch was wird man über sie nach ihrem Tode sagen können? Sie hat ja nichts getan ...“

Um die Verbannung des Tales der Tränen zu ertragen,
Brauche ich den Blick meines göttlichen Erlösers.
Dieser Blick voll Liebe hat mir Seinen Liebreiz enthüllt,
Er ließ mich das himmlische Glück vorausfühlen.
Mein Jesus lächelt mir zu, wenn ich zu Ihm seufze.
Dann fühle ich nicht mehr die Prüfung des Glaubens.
Der Blick meines Gottes, sein hinreißendes Lächeln,
    Sieh, das ist mein Himmel für mich!

Mein Himmel besteht darin, auf die Seelen,
Auf die Kirche, meine Mutter, und auf alle meine Schwestern
Die Gnaden Jesu und Seine göttlichen Flammen herabziehen zu
    können,
Welche die Herzen zu entzünden und zu erfreuen verstehen.
Alles kann ich erlangen, wenn ich im Verborgenen

Von Herz zu Herz mit meinem göttlichen König spreche.
Dieses süße Gebet, ganz nahe beim Heiligtum,
Sieh, das ist mein Himmel für mich!

Mein Himmel, er ist in der kleinen Hostie verborgen,
Wo Jesus, mein Bräutigam, sich aus Liebe verhüllt.
Ich gehe, um an diesem göttlichen Herd Leben zu schöpfen,
Und dort hört mich mein milder Erlöser bei Nacht und bei Tag.
„O welch glücklicher Augenblick, wenn Du, mein Vielgeliebter,
In Deiner Zärtlichkeit kommst, um mich in Dich umzugestalten!
Diese Liebeseinigung, diese unaussprechliche Berauschung,
Sieh, das ist mein Himmel für mich!"

Mein Himmel ist, in mir die Ähnlichkeit zu fühlen
Mit Gott, der mich erschuf durch Seinen mächtigen Hauch.
Mein Himmel ist, immer in Seiner Gegenwart zu bleiben,
Ihn meinen Vater zu nennen und Sein Kind zu sein.
In Seinen göttlichen Armen fürchte ich den Sturm nicht.
Die Ganzhingabe, sie ist mein einziges Gesetz.
Schlummern an Seinem Herzen, Seinem Antlitz ganz nahe,
Sieh, das ist mein Himmel für mich!

Meinen Himmel, ich habe ihn gefunden in der heiligen Dreifaltigkeit,
Die in meinem Herzen wohnt als Gefangene der Liebe.
Dort, meinen Gott anschauend, wiederhole ich Ihm ohne Furcht,
Daß ich Ihm dienen und Ihn lieben will ohne Umkehr.
Mein Himmel ist, diesem Gott, den ich anbete, zuzulächeln,
Wenn Er Sich verbergen will, um meinen Glauben zu prüfen.
Leiden, darauf wartend, daß Er mich immer wieder anschaut,
Sieh, das ist mein Himmel für mich!

33
Was ich bald zum ersten Mal sehen werde

12. Juni 1896. — Erbeten von Schwester Marie vom heiligsten Herzen zu ihrem Namenstag.

Die Empfängerin dieses Gedichtes ist die gleiche wie beim Gesang „An das heiligste Herz" (Nr. 23). So kehren hier auch gleiche Ausdrücke wieder: das „Lächeln", das „Herz", das „Antlitz" des Geliebten. Menschliche und zugleich übernatürliche Liebe drücken sich hier aus. Andere bezeichnende Worte sind „bald", „fortfliegen" und so weiter. Das ist es, was Theresia „will". Ein Monat ist es her, daß die ehrwürdige Mutter Anne de Jésus Theresia im Traum besucht und Theresia ihr die brennende Frage gestellt hat: „Ich flehe Sie an, sagen Sie mir, ob der liebe Gott mich lange auf Erden lassen wird ... Kommt er bald, mich zu holen?" Die Heilige lächelte liebevoll und sagte leise: „Ja, bald, bald, ... ich verspreche es Ihnen" (SS 196). Dieser Traum findet ein Echo in vorliegendem Gedicht.

Noch bin ich auf dem fremden Ufer,
Aber, das ewige Glück vorausfühlend,
Möchte ich die Erde bereits verlassen
Und die Wunder des Himmels betrachten.
Wenn ich von den Freuden des anderen Lebens träume,
Spüre ich die Last meiner Verbannung nicht mehr,
Weil ich ja bald zu meinem einzigen Vaterland
Fliegen werde zum ersten Mal!

Ach Jesus, schenke mir weiße Flügel,
Auf daß ich zu Dir meinen Ausschwung nehme!
Ich möchte zu den ewigen Ufern fliegen,
Dich möchte ich sehen, meinen göttlichen Reichtum.
Ich möchte in die Arme Marias fliegen,
Um zu verweilen auf diesem erwählten Thron

Und um den süßen Kuß meiner geliebten Mutter
Zu empfangen zum ersten Mal!

Mein Vielgeliebter, laß mich bald
Die Milde Deines ersten Lächelns ahnen
Und laß mich in meiner göttlichen Berauschtheit,
Ach, laß mich in Deinem Herzen mich bergen!
O welch ein Augenblick! Welch unaussprechliches Glück,
Wenn ich den süßen Klang Deiner Stimme hören werde,
Wenn ich den göttlichen Glanz Deines anbetungswürdigen Antlitzes
Schauen werde zum ersten Mal!

Du weißt es gut: Mein einziges Martyrium,
Das ist Deine Liebe, heiliges Herz Jesu!
Wenn meine Seele nach Deinem schönen Himmel seufzt,
Dann nur, um Dich zu lieben, Dich zu lieben immer mehr!
Von Zärtlichkeit immerzu berauscht, werde ich im Himmel
Dich lieben ohne Maß und ohne Vorschriften;
Und mein Glück wird mir ohne Unterlaß
So neu vorkommen wie zum ersten Mal!!!

34
Blumen streuen

28. Juni 1896. — Für Mutter Agnes von Jesus (Pauline) zum Namenstag.

Während des Monats Juni 1896 treffen sich Theresia und die fünf Schwestern des Noviziates gegen 20 Uhr nach der Komplet beim Kreuz aus Granit im Innenhof des Karmels. Sie sammeln die Rosenblätter, die von ungefähr zwanzig Rosensträuchern abgefallen waren, und werfen sie zum Kreuz empor. „Wem wird es gelingen, sie möglichst hoch zu werfen, daß sie auf das Gesicht unseres guten Jesus niederfallen?" (Marie de l'Eucharistie). Theresia ihrerseits liest die Rosenblätter sorgfältig aus, „damit nur ganz frische gestreut werden" (Céline).

Dieser symbolische Ritus gefällt Mutter Agnes von Jesus. Zu ihrem Namenstag am Fest Peter und Paul verfaßt Theresia ein Gedicht zu diesem Thema, das schon in Theresias Jugend aufschien: „Die Feste, wie liebte ich sie! ... Vor allem liebte ich die Prozessionen mit dem Allerheiligsten; welche Freude, Blumen auf den Weg des lieben Gottes zu streuen! ... Nie war ich glücklicher, als wenn ich sah, daß meine entblätterten Rosen die Monstranz berührten" (SS 36).

Zugleich ist dieses Blumenstreuen eine bildliche Vorwegnahme ihrer Sendung vom Himmel aus, wie sie es etwa vier Monate vor ihrem Tod vorausgesagt hatte: „Sie werden sehen, es wird sein wie ein Rosenregen" (LG 65). Sie meint die Gnaden, die sie vermitteln will und vermitteln wird.

Jesus, meine einzige Liebe! Wie liebe ich es,
Jeden Abend Dir am Fuß des Kreuzes Blumen zu streuen!
Die Frühlingsrose für Dich entblätternd,
　　Möchte ich Deine Tränen trocknen.

　　Kehrvers 1
　　Blumen streuen bedeutet, als Erstlingsgaben
　　Die leisesten Seufzer, die größten Schmerzen darzubringen,

Meine Leiden und meine Freuden, meine kleinen Opfer.
Das sind meine Blumen.

Herr, von Deiner Schönheit ist meine Seele begeistert.
An Dich möchte ich meine Wohlgerüche und meine Blumen verschwenden.
Indem ich sie für Dich dem Wind anvertraue,
Möchte ich die Herzen entzünden.

Kehrvers 2
Blumen streuen, Jesus, das ist meine Waffe,
Wenn ich kämpfen will, um die Sünder zu retten.
Der Sieg ist mein ... Immer entwaffne ich Dich
Mit meinen Blumen!!!

Die Blumenblätter, die Dein Gesicht liebkosen,
Sagen Dir, daß mein Herz ohne Widerruf Dir gehört.
Du verstehst die Sprache meiner entblätterten Rose
Und Du lächelst zu meiner Liebe.

Kehrvers 3
Blumen streuen, Deinen Lobpreis wiederholen,
Das ist mein einziges Vergnügen im Tal der Tränen.
Im Himmel werde ich mit den kleinen Engeln hingehen,
Um Blumen zu streuen!

35
An Unsere Liebe Frau von den Siegen, Königin der Jungfrauen, der Apostel und der Martyrer

16. Juli 1896. — Verfaßt für Theresia selbst und für Père Roulland.

Eine wichtige Seite der Sendung Theresias ist ihre apostolische Ausrichtung. Die Zuteilung eines ersten geistlichen Bruders, des Abbé Bellière, im Oktober 1895, läßt sie sagen: „Seit Jahren hatte ich kein derartiges Glück mehr verkostet. Ich fühlte, in diesem Bereich war meine Seele wie neu; es war, als hätte man zum ersten Mal bisher vergessene Saiten berührt" (SS 266). Im Mai 1896 wird Père Roulland von den Auswärtigen Missionen in Paris Theresia als zweiter Bruder zugeteilt. Der Widerhall in ihrer Seele ist auch dieses Mal nicht weniger tief. Père Roulland feiert seine erste Messe im Karmel von Lisieux am 3. Juli, und schon am 2. August schifft er sich zur Fahrt nach China ein. Für ihn schreibt Theresia zehn ihrer besten Gedichte ab und schließt diese kleine Sammlung mit dem Gedicht „An Unsere Liebe Frau von den Siegen ...". Das missionarische Feuer war in Theresia durch diese Ereignisse mächtig aufgeflammt. Etwa zwei Monate später wird sie schreiben: „Eine einzige Mission genügte mir nicht; ich möchte das Evangelium in allen fünf Weltteilen gleichzeitig verkünden bis zu den fernsten Inseln ..." (SS 198).

Du, die Du meine Hoffnung erfüllst,
Mutter, höre den demütigen Gesang
Der Liebe und der Dankbarkeit,
Der vom Herzen deines Kindes kommt!

Den Werken eines Missionars
Hast Du mich ohne Widerruf geeint
Durch die Bande des Gebets,
Des Leidens und der Liebe.

Ihm kommt es zu, die Erde zu durchqueren,
Den Namen Jesu zu verkünden;

Mir dagegen, im Schatten und in der Verborgenheit
Bescheidene Tugenden zu üben.

Das Leiden, ich beanspruche es;
Ich liebe und ich begehre das Kreuz.
Um zu helfen, eine Seele zu retten,
Möchte ich tausendmal sterben.

Ach, für den Eroberer der Seelen
Will ich mich im Karmel opfern
Und durch ihn die Flammen ausbreiten,
Die Jesus vom Himmel gebracht hat.

Durch ihn, — welch hinreißendes Geheimnis! —
Bis Su-tchuen im Fernen Osten
Werde ich bewirken können, daß der jungfräuliche Name
Meiner zärtlichen Mutter geliebt wird.

In meiner tiefen Einsamkeit,
Maria, will ich die Herzen gewinnen.
Durch deinen Aposel am Ende der Welt
Werde ich die Sünder bekehren.

Das heilige Wasser der Taufe wird durch ihn
Eines Tages aus dem ganz kleinen Kind
Den Tempel machen, wo Gott selbst
In Seiner Liebe zu wohnen geruht.

Den leuchtenden ewigen Aufenthaltsort
Will ich mit kleinen Engeln bevölkern.
Durch ihn werden Scharen von Kindern
Ihren Aufschwung zum Himmel nehmen.

Durch ihn werde ich die Palme erlangen können,
Nach der meine Seele voll Neid ausschaut.

Welch eine Hoffnung, geliebte Mutter!
Ich werde die Schwester eines Martyrers sein!!!

....

Nach der Verbannung dieses Lebens
Werden wir am Abend des glorreichen Kampfes
Uns an den Früchten unseres Apostolàtes
Im Vaterland zusammen freuen.

Ihm sei die Ehre des Sieges
Vor der Schar der Seligen!
Mir ... der Widerschein seiner Glorie
Für ewig im Himmel!

Die kleine Schwester eines Missionars

36
Jesus allein

15. August 1896. — Erbeten von Schwester Marie de l'Eucharistie zu ihrem Namenstag und ersten Jahrestag ihres Eintritts in den Karmel.

Juli und August dieses Jahres sind für Theresia eine Zeit außergewöhnlicher geistlicher Dichte. Durch ihre innere Nacht fühlt sie sich mehr denn je angetrieben, sich an Jesus hinzugeben. Am 6. August, also nur wenige Tage vor Abfassung des Gedichtes „Jesus allein", hatte sie sich mit zwei ihrer Novizinnen dem heiligen Antlitz geweiht. Mit P. Roulland, der sich, wie gesagt, am 2. August nach China eingeschifft hatte, „stürzt sie sich … auf sein apostolisches Arbeitsfeld".

Wie in vielen anderen ihrer Gedichte spricht Theresia auch hier im Namen jener Schwester, die das Gedicht von ihr erbat, aber auch aus ihrem eigenen Empfinden heraus. Vielleicht möchte Theresia hier im Schlußvers ihre Cousine von einer etwas zu großen Liebe zur eigenen Familie loslösen, jedoch nicht durch einen „frommen Ratschlag", sondern durch die möglichst große Hochherzigkeit der eigenen Liebe zu Jesus.

Mein brennendes Herz will sich ohne Unterlaß verschenken,
Es hat das Bedürfnis, seine Zärtlichkeit zu beweisen.
Ach, wer könnte meine Liebe verstehen?
Welches Herz möchte sie erwidern?
Doch diese Erwiderung, umsonst beanspruche ich sie.
Jesus, Du allein kannst meine Seele zufriedenstellen.
Nichts könnte sonst mich hienieden entzücken.
Das wahre Glück findet sich hier nicht.

Mein einziger Friede, mein einziges Glück,
Meine einzige Liebe, Herr, bist Du!

O Du, der Du die Herzen der Mütter zu erschaffen verstandest.
Ich finde in Dir den zärtlichsten aller Väter!

Meine einzige Liebe, Jesus, ewiges Wort,
Für mich ist Dein Herz mehr als mütterlich.
In jedem Augenblick folgst Du mir, behütest Du mich;
Wenn ich Dich rufe, ach, nie zögerst Du.
Und wenn Du bisweilen Dich zu verbergen scheinst,
Dann bist Du es, der kommt, um mir zu helfen, Dich zu suchen.

Du allein bist es, Jesus, an den ich mich anschließe.
Ja, in Deine Arme eile ich hinein und berge mich.
Ich will Dich lieben wie ein kleines Kind.
Ich will kämpfen wie ein tapferer Krieger.
Wie ein Kind voll Zartgefühl
Will ich Dich, Herr, mit Liebkosungen überhäufen;
Und auf dem Schlachtfeld meines Apostolates
Werfe ich mich wie ein Krieger in den Kampf.

Dein Herz, das die Unschuld beschützt und schenkt,
Würde mein Vertrauen nicht zu täuschen verstehen!
In Dir, Herr, ruht meine Hoffnung.
Nach der Verbannung werde ich zum Himmel gehen, Dich zu
schauen ...
Wenn der Sturm sich in meinem Herzen erhebt,
Richte ich, Jesus, mein Haupt wieder auf zu Dir.
In Deinem barmherzigen Blick lese ich:
„Kind, für dich habe ich den Himmel gemacht."

Ich weiß sehr gut: Meine Seufzer und meine Tränen
Sind vor Dir ganz leuchtend von Liebreiz.
Die Seraphim im Himmel bilden Deinen Hof,
Indessen Du meine Liebe erbettelst! ...
Jesus, Du willst mein Herz. Ich schenke es Dir.
Alle meine Wünsche, ich überlasse sie Dir.
Und jene, die ich liebe, mein Bräutigam, mein König,
Ich will sie nicht mehr lieben außer für Dich.

37
Für Jeanne und Francis La Néele

38
Vertrauliche Mitteilung Jesu an Theresia

39
Ein heiliger und berühmter Doktor

21. August 1896. — Die drei Gedichte bilden eine Einheit.

„Für Jeanne und Francis La Néele“: Hier sind die Cousine Theresias, geb. Guérin, und ihr Gemahl gemeint. Der Namenstag von Jeanne bildet den Anlaß. Nachdem die dichterische Kunst Theresias in der Familie Guérin allmählich geschätzt wurde, verschmähte man Glückwünsche in Versform keineswegs, zumal Francis La Néele selbst eine alte diesbezügliche Tradition wiederaufleben ließ. Theresia sollte ihre Glückwünsche in „Alexandrinern“ (Zwölfsilbern) ausdrücken, doch konnte sie dieser Bitte offenbar nicht nachkommen. Sie äußert sich dazu in einem leichten, schelmischen Ton.

Obwohl die „Vertrauliche Mitteilung Jesu an Theresia“ in den „miserablen Vierzeilern“ geschrieben ist, zeigen die Verse doch eine „ausgesuchte Zärtlichkeit“ der Einfühlung in die Lage der Cousine. Sie sind ein Bittgebet, das leider keine Erhörung fand, weil Jeanne nie Mutter wurde. Als sie das Gedicht las, weinte sie, doch erklärte sie dies genauerhin: „Es waren keine Tränen des Schmerzes; es war eine ungemein zarte Empfindung, die sie mich vergießen ließ ... Jetzt unterwarf ich mich.“

„Ein heiliger und berühmter Doktor“ richtet sich an Francis allein, der sich die Verse erbeten hatte. Theresia verfaßt nach seinem Vornamen wieder ein Akrostichon, das sehr gut ziseliert ist. Francis, der hier „Verteidiger der Kirche“ genannt wird, zeigte sich darüber „entzückt“ und sah sich entschädigt für die Kämpfe, die er als christlicher Arzt in einer kraftvollen Glaubenshaltung zu bestehen hatte und in einer sehr vornehmen Art durchfocht.

(37)
Was für ein trauriger Feststrauß
Sind doch diese miserablen Vierzeiler!
Aber leider! Die Zwölfsilber (Alexandriner)
Sind in meinem Hinterkopf geblieben.

Notwendig wäre, ich erinnere mich daran:
„Für Francis nur Alexandriner!“
Ich müßte das Schweigen bewahren
Vor einem so genauen Auftrag ...

Doch weil ich sehr genau die Nachsicht
Von Jeanne und dem gelehrten Doktor kenne,
Wage ich mich ohne Alexandriner vor,
Um meine liebenswürdige Schwester zu feiern.

(38)
Jesus, höre mein Gebet,
Erhöre mein brennendes Verlangen!
Verbanne einen Engel auf die Erde,
Schenke Jeanne ein Kind!

Sehr lange läßt er auf sich warten,
Dieser kleine Verbannte des Himmels ...
Aber, Herr, Du läßt mich
Dein geheimnisvolles Schweigen verstehen.

Ja, Du sagst mir durch Dein Schweigen:
„Deine Seufzer steigen bis zum Himmel empor.
Ich muß mir Gewalt antun,
Um Deine Wünsche nicht zu erfüllen.

Doch das ist kein gewöhnlicher Engel,
Den ich Deiner Schwester schenken will.
Überdies liebe ich es, in der Verborgenheit
Seine Seele und sein Herz zu bilden.

Ich selbst werde diese Seele schmücken.
Mit meinen Schätzen beschenke ich sie.
Aber als Gegendienst ... ja, ich verlange
Von Jeanne eine vollkommene Hingabe.

Mit ausgesuchter Zärtlichkeit
Verfüge ich über sie mit eigener Hand,
Denn sie muß Meiner Kirche schenken
Einen Kirchenfürsten, einen großen Heiligen!“

(39)
F — Francis hat dieses Losungswort gewählt:
R — Nichts für den Menschen, alles für meinen Gott,
A — Sowie, um die Kirche zu verteidigen.
N — Hat er nicht ein Herz aus Feuer?
C — Im Kampf gegen die ungläubige Wissenschaft
I — Hat er das hohe Geständnis abgelegt:
S — Sein Ruhm ist der von Maria.

40
Die Sakristaninnen des Karmels

Anfang November 1896. — Erbeten von Schwester Marie-Philomène und den anderen Sakristaninnen.

Sie werden geschildert in unablässiger Bemühung um den Austausch und die Verbindung zwischen Himmel und Erde. Ein Vergleich mit der Jakobsleiter könnte sich nahelegen.

Schwester Marie-Philomène, die noch mit Theresia zusammen im Noviziat war, hat die von ihr erbetenen Strophen in der Einsamkeit gerne gesungen. Wegen der Hostienbereitung konnte sie so manche Erholung nicht in der Gemeinschaft ihrer Mitschwestern verbringen, weil sie das Waffeleisen auf dem Herd drehen und wenden mußte. Auch die anderen Sakristaninnen, unter denen Theresia und ihre Cousine Marie de l'Eucharistie der Schwester Marie des Anges halfen, konnten sich das Lied zu eigen machen. Weil Tante Guérin am 19. November Namenstag hatte, schickte Theresia ihr das Gedicht sofort zu; hatte sie doch nicht nur ihre Tochter Marie de l'Eucharistie, sondern auch Theresia und ihre Schwestern gleichsam als ,,Hostien" zubereitet durch die mütterliche Erziehung, die sie ihnen nach dem Tod der eigenen Mutter hatte angedeihen lassen. Theresia arbeitet auch sehr stark die Beziehungen zum Priestertum heraus: ,,Erhabene Sendung des Priesters, du wirst die unsrige hienieden!"

Unsere schöne Aufgabe ist es,
Herzurichten für den Altar
Das Brot, den Wein zum heiligen Opfer,
Welcher der Erde schenkt: „Den Himmel!"

Der Himmel, — o höchstes Geheimnis! —
Verbirgt sich unter einem schlichen Brot,
Denn der Himmel, das ist Jesus selbst,
Wenn Er jeden Morgen zu uns kommt.

Es gibt keine Königinnen auf Erden,
Die glücklicher wären als wir.
Unsere Aufgabe ist ein Gebet,
Das uns mit unserem Bräutigam eint.

Die größten Ehrungen dieser Welt
Können sich nicht vergleichen
Mit dem himmlischen und tiefen Frieden,
Den Jesus uns verkosten läßt.

Wir bringen ein heiliges Verlangen
Zum Werk unserer Hände mit,
Zur kleinen weißen Hostie,
Die das göttliche Lamm bergen soll.

Doch Seine Liebe hat uns erwählt.
Er ist unser Bräutigam, unser Freund.
Auch wir sind Hostien,
Die Jesus in Sich verwandeln will.

Erhabene Sendung des Priesters,
Du wirst die unsrige hienieden.
Umgewandelt durch unseren göttlichen Meister,
Ist Er es, der unsere Schritte lenkt.

Wir müssen den Aposteln helfen
Durch unsere Gebete, durch unsere Liebe.
Ihre Schlachtfelder sind auch die unsrigen;
Für sie kämpfen wir jeden Tag.

Der im Tabernakel verborgene Gott,
Der sich auch in unseren Herzen birgt,
Würdigt sich, — o welches Wunder! —
Den Sündern auf unser Rufen hin zu verzeihen.

Unser Glück und unser Ruhm ist es,
Für Jesus zu arbeiten.
Sein schöner Himmel, — das ist der Kelch,
Den wir mit Erwählten füllen wollen.

41

Wie ich lieben will

Ende 1896. — Erbeten von Schwester Saint-Jean de la Croix.

Die Persönlichkeit der Empfängerin kennt man sehr wenig. Um so leichter kann sich jeder diesen „Gesang der Liebe" einer unbekannten Karmelitin zu eigen machen. Auffallenderweise ist die apostolische Dimension in keiner Weise hervorgehoben, was bei Theresia eine echte Ausnahme bedeutet. Es mag damit zusammenhängen, daß die Schwester wenig mitteilsam war und daß ihr verborgenes Leben kaum in Erscheinung trat. Die Subpriorin beschreibt sie im Jahre 1893 als sehr eifrig im Gebet, in der Lesung, und daß sie ihr ganzes Glück beim Tabernakel findet. Auch war sie pünktlich bis zum äußersten und suchte ausschließlich den Willen des Herrn zu erfüllen. Sie starb im Jahre 1906 im Alter von 56 Jahren. Theresia empfiehlt ihrer zu gewissenhaften Mitschwester, die eine Öffnung zum Vertrauen hin nötig hatte, die Zärtlichkeit, die Freundlichkeit und die Liebe Christi.

Göttlicher Jesus, erhöre mein Gebet!
Durch meine Liebe will ich Dich erfreuen.
Du weißt es gut: Dir allein will ich gefallen.
Möchtest Du doch mein brennendstes Verlangen erhören!
Ich nehme die Prüfungen der traurigen Verbannung an,
Um Dich zu erfreuen und Dein Herz zu trösten.
Aber, mein Bräutigam, mein vielgeliebter Erlöser,
Wandle alle meine Werke um in Liebe!

Jesus, Deine Liebe ist es, die ich anrufe.
Deine Liebe ist es, die mich umwandeln muß.
Lege in mein Herz Deine verzehrende Flamme,
Und ich werde Dich preisen und lieben können.
Ja, ich werde Dich lieben können, wie je man liebt,
Und Dich preisen, wie man es im Himmel tut.

Ich werde Dich lieben mit derselben Liebe,
Mit der Du mich geliebt hast, Jesus, ewiges Wort!

Göttlicher Erlöser, komm am Ende meines Lebens,
Um mich ohne den Schatten einer Verzögerung zu holen!
Ach, zeige mir Deine unendliche Zärtlichkeit
Und die Freundlichkeit Deines göttlichen Blickes!
Ach, möge Deine Stimme mich mit Liebe rufen
Und mir sagen: „Komm, alles ist verziehen!
Ruhe dich aus, Meine treue Braut,
Komm an Mein Herz! Du hast mich viel geliebt."

42

„Kind, Du kennst meinen Namen!“

Dezember 1896. — Erbeten von Schwester Marie de Saint-Joseph.

Das Jesuskind ist hier angesprochen. Daß diesem Kind doch die göttliche Kraft zukommt, den Stürmen des Herzens Einhalt zu gebieten, wie Jesus später vom Schiff aus dem Seesturm gebietet, zeigt die künstlerische Kraft Theresias. Die zarte Einstimmung ist der Empfängerin des Liedes besonders angepaßt: sie ist von stürmischer Gemütsart, deren Bändigung Theresia unternimmt. Die einfachen Worte des göttlichen Kindes entwaffnen sie besser als eine Zurechtweisung. Schwester Marie de Saint-Joseph, die den Karmel von Lisieux im Jahre 1909 verließ, hat doch alles, was sie von Theresia empfangen hatte, sorgfältig aufbewahrt.

Kind, Du kennst meinen Namen,
Und Dein milder Blick ruft mich.
Er sagt mir: „Einfache Hingabe!
Ich will deinen Nachen lenken.“

Mit Deiner kleinen Kinderhand,
O welch ein Wunder!,
Mit Deiner schwachen Kinderstimme
Beruhigst Du die brausende Flut
Und den Wind!

Wenn Du Dich ausruhen willst,
Während der Sturm grollt,
Laß Deinen kleinen blonden Kopf
An meinem Herzen ruhen!

Wie hinreißend ist Dein Lächeln,
Wenn Du schlummerst!
Immer will ich mit meinem lieblichsten Gesang
Dich zärtlich wiegen,
Du schönes Kind!

43
Das Vogelhaus des Jesuskindes

Weihnachten 1896. — Verfaßt für die Schwesterngemeinschaft zum Weihnachtsabend.

Eine frohe und sehr konkrete Erfahrung bildet den Ursprung des Vergleichs zwischen Vogelhaus und Karmel: Zehn Jahre zuvor belebte in den Buissonnets ein Vogelhaus die „arme Mansarde", die für Theresia als Studierzimmer eingerichtet worden war. Ein „großer Käfig barg eine große Zahl von Vögeln, deren klangvolles Gezwitscher den Besuchern lästig fiel, nicht aber ihrer kleinen Herrin, die sie zärtlich liebte" (SS 89). Im Karmel kehren die kleinen Vögel auch in den nächtlichen Träumen Theresias wieder: „Gewöhnlich träume ich von Blumen, Bächen und dem Meer und fast immer sehe ich hübsche kleine Kinder, fange Schmetterlinge und Vögel, wie ich nie welche sah" (SS 174).

Im Sommer 1896 hatte der symbolische Wert des Vogels für Theresia noch eine neue Dimension bekommen. Sie erkennt sich selbst im Bild des kleinen Vogels. Gewiß ist sein Dynamismus gehemmt durch ihre angeborene Schwäche; das ist ihre Qual: „Alles, was er vermag, ist, seine kleinen Flügel zu heben; aber aufzufliegen, das steht nicht in seiner Macht" (SS 205). Aber kommt dem Vogel außer dem Fliegen nicht auch noch der Gesang zu? Theresia verzichtet nicht auf die Bekundung ihrer Liebe. Ihre Seele versteht doch, durch ihren Gesang in höchste Höhen aufzusteigen: „Viel höher als die Lerche versteht meine Seele zu fliegen" (vgl. Nr. 52).

Für die Verbannten der Erde
Schuf der liebe Gott die Vögel.
Zwitschernd verrichten sie ihr Gebet
In den Tälern, auf den Höhen.

Die fröhlichen und flatterhaften Kinder,
Die ihre Bevorzugten ausgewählt haben,

Sperren sie in Käfige ein,
Deren Stangen ganz vergoldet sind.

O Jesus, unser kleiner Bruder,
Für uns verläßt Du den schönen Himmel;
Aber Du weißt es genau: Dein Vogelhaus,
Göttliches Kind, das ist der Karmel.

Unser Käfig ist nicht vergoldet;
Dennoch lieben wir ihn.
In den Wäldern, über die blaue Ebene hin
Werden wir niemals mehr fliegen.

Jesus, die Haine dieser Welt
Können uns nicht zufriedenstellen.
Wir wollen für Dich allein
In der tiefen Einsamkeit singen.

Deine kleine Hand zieht uns an.
Kind, wie schön ist Dein Liebreiz.
Göttlicher Jesus, Dein Lächeln
Fängt die kleinen Vögel ein.

Die einfache und lautere Seele
Findet hier wie die furchtsame Taube
Das Ziel ihrer Liebe.
Sie fürchtet nicht mehr den Geier.

Auf den Flügeln des Gebetes
Sieht man das brennende Herz aufsteigen
Wie die federleichte Lerche,
Welche sich singend sehr hoch erhebt.

Hier hört man das Singen
Des Zaunkönigs, des fröhlichen Buchfinken.
Kleiner Jesus, in ihrem Käfig
Zwitschern die Vögel Deinen Namen.

Der kleine Vogel singt immerzu;
Sein Leben beunruhigt ihn nicht.
Ein Hirsekorn genügt ihm,
Nie sät er hienieden aus.

Wie er empfangen auch wir
In unserem Vogelhaus alles von Deiner Hand.
Was einzig notwendig ist,
Das ist, Dich lieben, göttliches Kind!

Auch wir singen Dein Lob,
Den reinen Geistern des Himmels geeint;
Und wir wissen es: Alle Engel
Lieben die Vögel des Karmels.

Jesus, um die Tränen abzuwischen,
Welche die Sünder Dich vergießen lassen,
Besingen die Vögel ständig Deinen Liebreiz;
Ihre süßen Gesänge gewinnen Dir Herzen.

Fern der traurigen Erde werden eines Tages
Alle Vögel Deines Vogelhauses,
Wenn sie Deinen Ruf hören,
Ihren Aufschwung nehmen, dem Himmel zu.

Mit den entzückenden Scharen
der kleinen fröhlichen Cherubim
Werden wir, göttliches Kind,
Deine Lobpreisungen singen im Himmel.

44
An meine kleinen Brüder im Himmel

28. Dezember 1896. — Theresia schreibt für sich selbst zum Fest der Unschuldigen Kinder.

In einem Brief hatte sie geschrieben: „Das Verdienst besteht nicht im vielen Tun oder Geben, sondern im Empfangen, im vielen Lieben ...“ (B 200). Im Sinne dieser Auffassung befinden sich die Unschuldigen Kinder an einem guten Platz: sie haben nichts „getan“, außer daß sie sich ihr Leben, das sozusagen nur einen Tag währte, nehmen ließen; und sie erhielten die unermeßlichen Reichtümer des Himmels „umsonst“. Seit Sommer 1896 denkt Theresia viel an die Unschuldigen Kinder, nachdem sie die schönsten Texte über die geistliche Kindschaft entdeckt hatte. Während ihrer Exerzitien im September dieses Jahres malte sie ein kleines Andenkenbild an ihre kleinen Brüder und Schwestern, die im frühkindlichen Alter verstorben waren. Auf die Rückseite hatte sie die Worte aus dem Römerbrief geschrieben: „Selig, die Gott rechtfertigt ohne Werke ...“ (vgl. 4, 6).

Theresia findet eine Analogie zwischen ihrem eigenen Leben und dem der Unschuldigen Kinder. Was hat sie in ihrem kurzen Leben schon getan? Aber sie kann sich trösten: „Auch wenn ich alle Werke des heiligen Paulus vollbracht hätte, würde ich mich immer noch als ‚unnützen Knecht‘ fühlen; aber gerade das macht meine Freude aus; denn wenn ich nichts habe, werde ich alles vom lieben Gott empfangen“ (LG 71).

Eine ausgezeichnete Gelegenheit, „klein zu bleiben“, wird Theresia am Abend dieses gleichen 28. Dezember 1896 geboten. Die Schwestern hatten den Wunsch ausgedrückt, das neu entstandene Lied an diesem Fest der Unschuldigen Kinder zu hören. Mutter Marie de Gonzague willigt zunächst ein. Aber während die Kommunität ganz gefesselt ist, wird sie ärgerlich. Dieser Erfolg, so meint sie, „kann nur den Stolz der Schwester Theresia nähren“. Doch diese bleibt heiter. Sie ist so klein, daß man ihr in Zukunft nicht einmal anmerkt, daß sie darunter leidet. „Seien wir klein, so klein, daß die Welt uns mit Füßen treten kann, ohne daß man uns ansieht, ob wir es spüren und darunter leiden ...“ (B 357 f.).

Glückliche kleine Kinder, mit welchen Zärtlichkeiten
Segnete der König des Himmels
Euch einstens und überhäufte mit Liebkosungen
Eure fröhlichen Stirnen!
Von allen Unschuldigen wart ihr das Urbild,
Und ich erahne
Die Güter, die euch ohne Maß im Himmel gibt
Der König der Könige.

Ihr habt betrachtet die unermeßlichen Schätze
Des Paradieses,
Bevor ihr unsere bitteren Traurigkeiten gekannt habt,
Liebe kleine Lilien!
Ihr duftenden Knospen, als Ernte schon beim Morgenrot
Eingebracht durch den Herrn!
Die süße Sonne der Liebe, die euch sich öffnen ließ,
Das war Sein Herz!

Welch unaussprechliche Sorgfalt, welch ausgesuchte Zärtlichkeit
Und welche Liebe
Erweist euch mit Freude unsere Mutter, die Kirche,
Einen Tag alte Kinder!
In ihren mütterlichen Armen wart ihr als Erstlingsgaben
Gott dargebracht.
Die ganze Ewigkeit hindurch werdet ihr die Wonne
Des schönen blauen Himmels sein.

Kinder, ihr bildet das jungfräuliche Gefolge
Des milden Lammes,
Und ihr könnt wiederholen, — staunenswertes Privileg! —
Einen neuen Gesang.
Ihr seid ohne Kämpfe gelangt zur Glorie
Der Eroberer.
Der Erlöser hat für euch, charmante Sieger,
Den Sieg davongetragen.

Man sieht gar keine Edelsteine glänzen
In eurem Haar;
Nur der goldene Widerschein eurer seidenen Locken
Entzückt die Himmel.
Die Schätze der Auserwählten, ihre Palmen, ihre Kronen,
Alles gehört euch zu eigen.
Im heiligen Vaterland, Kinder, sind ihre Knie
Eure reichen Throne.

Ihr spielt zusammen mit den kleinen Engeln
Nahe dem Altar,
Und eure kindlichen Lieder, ihr lieblichen Scharen,
Entzücken den Himmel.
Der liebe Gott lehrt euch, wie Er die Rosen macht,
Die Vögel, die Winde.
Hienieden weiß kein Genie ebensoviele Dinge,
Kinder, wie ihr!

Vom azurblauen Firmament nehmt ihr alle geheimnisvollen
Schleier hinweg.
In eure kleinen Hände nehmt ihr die Sterne
Mit tausend Feuern.
Oft laßt ihr, wenn ihr lauft, eine Silberspur
Am Abend zurück.
Wenn ich am Himmel die weiße Milchstraße betrachte,
Glaube ich, euch zu sehen.

Nach all euren Festen lauft ihr
In die Arme Marias,
Versteckt unter ihrem sternbesäten Mantel eure blonden Köpfe
Und schlummert.
Liebenswürdige kleine Schlingel, eure kindliche Kühnheit
Gefällt dem Herrn.
Ihr wagt es, Sein anbetungswürdiges Antlitz zu streicheln ...
Welch eine Gunst!

Euch hat der Herr mir zum Vorbild gegeben,
    Ihr heiligen Unschuldigen!
Ich will hienieden euer treues Abbild sein,
    Ihr kleinen Kinder!
Ach, laßt mich die Tugenden des Kindseins erlangen!
    Eure Reinheit,
Eure vollkommene Hingabe, eure liebenswürdige Unschuld
    Entzücken mein Herz.

O Herr, Du kennst die brennenden Wünsche
    Meiner verbannten Seele!
Ich möchte, schöne Lilie des Tales,
    Leuchtende Lilien ernten.
Ich suche diese Frühlingsknospen und liebe sie,
    Um Dir Freude zu machen.
Geruhe, über sie den Tau der Taufe auszugießen,
    Komm, sie zu pflücken!

Ja, vermehren möchte ich die leuchtende Schar
    Der unschuldigen Kinder.
Meine Leiden, meine Freude, ich opfere sie auf zum Tausch
    Gegen Kinderseelen.
Unter diesen Unschuldigen beanspruche ich einen Platz,
    Du König der Auserwählten!
Wie sie will ich im Himmel Dein mildes Antlitz küssen,
    O mein Jesus!

45
Meine Freude

21. Januar 1897. — Erbeten von Mutter Agnes von Jesus zu ihrem Namenstag.

„Meine ganze Seele liegt darin", sagt die heilige Theresia ganz schlicht zu Mutter Agnes, als sie ihr das Gedicht überreicht. Tatsächlich ist es eines der erstaunlichsten und reichsten unter denen, die sie geschrieben hat in dem Augenblick, da sie die schrecklichsten Schritte ihrer Glaubensprüfung und bald des Todeskampfes gehen muß. Jedes Wort hat Gewicht an Erfahrung und Reife. Ihr „Kleiner Weg" ist in den Strophen drei und vier klar zum Ausdruck gebracht. Das Gedicht hat zugleich selbstbiographischen Wert.

Es gibt Seelen auf Erden,
Die das Glück vergeblich suchen.
Doch für mich ist es gerade umgekehrt:
Die Freude findet sich in meinem Herzen.
Diese Freude dauert nicht nur einen Tag.
Ich besitze sie ohne Wechsel.
Wie eine Frühlingsrose
Lächelt sie mir jeden Tag zu.

Wirklich, ich bin deshalb allzu glücklich.
Ich tue immer meinen Willen ...
Sollte ich da nicht voll Freude sein
Und meine Fröhlichkeit nicht zeigen?
Meine Freude ist es, das Leiden zu lieben.
Ich lächle, auch wenn ich Tränen vergieße.
Mit Dankbarkeit nehme ich die Dornen an,
Die unter die Blumen gemischt sind.

Wenn der blaue Himmel dunkel wird
Und mich im Stich zu lassen scheint,

Ist es meine Freude, im Schatten zu bleiben,
Mich zu verbergen, mich zu verdemütigen.
Meine Freude, das ist der heilige Wille
Jesu, meiner einzigen Liebe.
So lebe ich ohne jede Furcht.
Die Nacht liebe ich ebenso wie den Tag.

Meine Freude ist es, klein zu bleiben.
Auch wenn ich auf dem Wege falle,
Kann ich mich sehr rasch wieder erheben,
Und Jesus nimmt mich bei der Hand.
Dann, Ihn mit Zärtlichkeiten überhäufend,
Sage ich Ihm, daß Er alles für mich ist,
Und ich verdoppele die Zärtlichkeiten,
Wenn Er sich meinem Glauben entzieht.

Wenn ich manchmal Tränen vergieße,
Ist es meine Freude, sie gut zu verbergen.
O welchen Charme hat doch das Leiden,
Wenn man versteht, es unter Blumen zu verhüllen!
Ich will gerne leiden, ohne es zu sagen,
Auf daß Jesus getröstet sei!
Meine Freude ist es, Ihn lächeln zu sehen,
Während mein Herz in der Verbannung weilt.

Meine Freude ist es, ohne Unterlaß zu kämpfen,
Um Auserwählten zum Leben zu verhelfen.
Das von Zärtlichkeit brennende Herz
Will Jesus oft wiederholen:
„Mein göttlicher kleiner Bruder,
Ich bin glücklich, für Dich zu leiden.
Meine einzige Freude auf dieser Erde ist,
Dir Freude machen zu können.

Ich möchte noch recht lange leben,
Herr, wenn dies Dein Wunsch ist.
In den Himmel möchte ich Dir folgen,
Wenn Dir dies Freude macht.
Die Liebe, dieses Feuer des Vaterlandes,
Hört nicht auf, mich zu verzehren.
Der Tod oder das Leben, was können sie mir anhaben?
Jesus, meine Freude ist es, Dich zu lieben!“

46
An meinen Schutzengel

Januar 1897. — Das spontan verfaßte Gedicht wurde später Schwester Marie-Philomène de Jésus gewidmet.

Nach der schönen Anfangsvision, welche das Leuchten der Sterne, die Flamme einer Kerze und die Glorie des „Thrones des Ewigen" zusammen sieht, steigt der Engel zur Erde nieder, um als Bruder von oben sich zum Weggenossen eines Wesens zu machen, das durch und durch Schwachheit ist. Er bringt ihm „Beistand" und „Zärtlichkeit". Das Kind hat sich um den Weg nicht zu sorgen; ihm ist nur aufgetragen, „auf nichts zu schauen als auf den Himmel". Eine große Zärtlichkeit leuchtet besonders am Ende der dritten Strophe auf: „Singe, wie gut Jesus ist! Singe davon, daß Leiden seine Reize hat! Und ganz leise flüstere meinen Namen! …"

Das Gedicht entspricht gut der „demütigen und kleinen" Schwester Marie-Philomène, die 1924 verstarb. Die Liebe zu Gott hatte in ihr vor allem die Form eines lebhaften Mitleidens mit den Schmerzen des Herrn angesichts der Sünder angenommen: „Was für ein Martyrium ist doch dieser Anblick für dein göttliches Herz! Ach, ich flehe dich an, gib es meinem Herzen, soviel es tragen kann! Dich so gut und doch so sehr beleidigt zu wissen, wie traurig ist das!" Der Schutzengel soll ihr helfen, die Sünder zu retten: „Schenke mir deinen heiligen Eifer! Ich habe nichts als meine Opfer und meine strenge Armut." Es ist somit nicht überraschend, daß Theresia dieses Gedicht einer Schwester als Andenken hinterlassen will, die von gleichen Gesinnungen wie sie selbst erfüllt ist. Theresia bezeichnete sich als deren „kleine Tochter", vielleicht im Hinblick auf das gemeinsame im Noviziat verbrachte Jahr 1888/89, wo die gegenseitige Achtung einen Altersunterschied von 34 Jahren gleichsam verschwinden ließ.

Glorreicher Schützer meiner Seele,
Der du in dem schönen Himmel strahlst
Wie eine milde und reine Flamme,
Nahe dem Thron des Ewigen!
Du steigst für mich zur Erde nieder
Und erleuchtest mich mit deinem Glanz.
Schöner Engel, du wirst mein Bruder,
Mein Freund, mein Tröster!

Meine Schwäche kennend,
Leitest du mich mit deiner Hand,
Und ich sehe, wie du voll Zärtlichkeit
Den Stein aus dem Wege räumst.
Immer lädt mich deine süße Stimme ein,
Auf nichts zu schauen als auf den Himmel.
Je mehr du mich demütig und klein siehst,
Desto leuchtender ist deine Stirn.

O du, der du den Raum durchquerst
Rascher als die Blitze,
Ich flehe dich darum an: Fliege an meinen Platz
Bei denen, die mir teuer sind!
Trockne mit deinem Flügel ihre Tränen!
Singe, wie gut Jesus ist!
Singe davon, daß Leiden seine Reize hat,
Und ganz leise flüstere meinen Namen! ...

Während meines kurzen Lebens will ich
Meine Brüder, die Sünder, retten.
O schöner Engel des Vaterlandes,
Schenke mir deinen heiligen Eifer!
Ich habe nichts als meine Opfer
Und meine strenge Armut.
Mit deinen himmlischen Wonnen bringe sie
Der Dreifaltigkeit dar!

Dir das Reich der Herrlichkeit,
Die Reichtümer des Königs der Könige!
Mir die schlichte Hostie des Speisekelches,
Mir den Schatz des Kreuzes!
Mit dem Kreuz, mit der Hostie
Und mit deiner himmlischen Hilfe
Erwarte ich im Frieden die Freuden
Des anderen Lebens, die für immer Bestand haben werden.

47

An Théophane Vénard

2. Februar 1897. — Theresia schrieb das Gedicht für sich selbst.

Dieser Tag war der 36. Jahrestag der Enthauptung des jugendlichen Martyrers Théophane Vénard (1829—1861), in dessen Zügen Theresia ihre eigenen entdecken konnte: Jugendlichkeit, Fröhlichkeit, Klarheit des Herzens, Liebe zur eigenen Familie, kindliches Vertrauen zur Gottesmutter und Hingabe an die Missionsarbeit bis zur Vergießung des Blutes. „Meine Seele gleicht der seinen", sagte sie zu ihren Schwestern. Als Abschiedsgruß hinterließ sie diesen eine Blütenlese aus den Briefen des „kleinen Heiligen" (B 361/62). In einem Brief an Père Roulland in China schrieb sie: „Unter anderem lese ich auch das Leben des Théophane Vénard, das mich interessierte und mich mehr beeindruckt hat, als ich sagen kann. Unter diesem Eindruck verfaßte ich ein Gedicht, das mich ganz persönlich betrifft ..." (B 335). Theresia sagt in der vorletzten Strophe ihres Gedichtes: „Auch ich liebe diese glaubenslose Gegend ... Glücklich wäre ich, dorthin zu fliegen", dann erklärt sie selbst: „Ist es nur ein Traum, wenn eine Karmelitin daran denkt, nach Tongking zu reisen? Eben nicht! Es ist kein Traum, und ich kann Ihnen sogar versichern: Wenn Jesus mich nicht bald in den Karmel des Himmels heimholt, werde ich eines Tages in den Karmel von Hanoi abreisen ..." (B 335). Tatsächlich war Theresia für diesen eben erst gegründeten Karmel vorgesehen; sie weiß jedoch, daß ihr schlechter Gesundheitszustand dies nicht mehr zulassen wird (vgl. B 336).

Das Bild von Théophane Vénard hatte Theresia in ihrem Krankenzimmer immer bei sich. Sie fühlte sich in ihrem schmerzlichen Martyrium von ihm gestärkt: „Jedesmal, wenn ich ihn anschaue, schaut er auch mich an, und dabei sieht es so aus, als ob er mich aus dem Augenwinkel heraus verschmitzt beobachte" (LG 158).

Alle Auserwählte feiern dein Lob,
Engelgleicher Martyrer Théophan.
Und ich weiß es: In den heiligen Scharen
Trachtet der Seraph danach, dir zu dienen.
Weil ich auf die Erde verbannt bin und deshalb
Meine Stimme nicht unter die der Auserwählten mischen kann,
Will ich doch auf dem fremden Ufer
Meine Leier nehmen und deine Tugenden besingen.

Deine kurze Verbannung war wie ein süßer Gesang,
Dessen Tonfall die Herzen zu rühren verstand,
Und für Jesus ließ deine poetische Seele
In jedem Augenblick Blumen erblühen.
Zur himmlischen Sphäre dich erhebend,
War noch dein Abschiedsgesang frühlingshaft.
Du summtest: „Ich kleine Eintagsfliege,
Ich gehe als Erster zum schönen Himmel."

Glücklicher Martyrer, in der Hinrichtungsstunde
Hast du das Glück verkostet zu leiden.
Leiden für Gott erschien dir als Wonne,
Und du verstandest, lächelnd zu leben und zu sterben ...
Du beeiltest dich, deinem Henker zu sagen,
Als er dir anbot, deine Qual zu verkürzen:
„Je länger mein schmerzliches Martyrium dauern wird,
Um so besser wird es sein, um so zufriedener werde ich sein."

Jungfräuliche Lilie, im Frühling deines Lebens
Erhörte der König des Himmels dein Verlangen.
Ich sehe in dir die geöffnete Blume,
Die der Herr zu Seiner Freude pflückt.
Und jetzt bist du nicht mehr verbannt.
Die Seligen bewundern deinen Glanz.
Die unbefleckte Jungfrau, Rose der Liebe,
Atmet die Frische deines Wohlgeruchs.

Soldat Christi, ach, leihe mir deine Waffen!
Hienieden möchte ich für die Sünder
Kämpfen, leiden im Schatten deiner Siegespalmen.
Beschütze mich, komm, meine Arme zu stützen!
Für sie möchte ich nicht vom Kriege ablassen,
Das Reich Gottes im Sturme nehmen;
Denn der Herr brachte auf die Erde
Nicht den Frieden, sondern das Schwert und das Feuer!

Auch ich liebe jene glaubenslose Gegend,
Die der Gegenstand deiner brennenden Liebe war.
Glücklich wäre ich, dorthin zu fliegen,
Wenn der liebe Gott mich eines Tages dorthin rufen würde.
Doch in Seinen Augen gibt es keine Entfernungen;
Das ganze All ist vor Ihm nur ein Punkt.
Meine schwache Liebe, meine kleinen Leiden bewirken,
Sind sie durch Ihn gesegnet, daß man Ihn weit weg liebt.

Ach, wäre ich doch eine Frühlingsblume,
Die der Herr bald pflücken möchte!
Steige in meiner letzten Stunde vom Himmel hernieder,
Darum beschwöre ich dich, du seliger Martyrer!
Komm, um mich in diesem sterblichen Leben
Mit deiner Liebe aus jungfräulichen Flammen zu entzünden!
Und ich werde mit jenen Seelen fliegen können,
Die dein ewiges Gefolge bilden werden!

48
Meine Waffen

25. März 1897. — Zur Gelübdeablegung von Schwester Marie de l'Eucharistie.

Wie es Brauch war, wurden die Verse am Abend des Profeßtages in der Schwesterngemeinschaft gesungen. Theresia erhielt in ihrer Eigenschaft als Gehilfin der Novizenmeisterin den Auftrag, das Gedicht zu schreiben. Es zeigt weder Furcht noch Zittern, sondern eine Theresia, die ihrer und auch Gottes sicher ist im Schmelzofen der Prüfungen wie die heilige Jeanne d'Arc auf dem Scheiterhaufen. Sie weiß, daß sie Königin ist; eine Königin, die kämpft und ihre Waffen bereitstellt, um zu triumphieren. Die beiden Schriftzitate, die Theresia ihrem Gedicht voranstellt, sind sehr bezeichnend. Zugleich ist ihr Lied ein Testament an die Schwesterngemeinschaft. Für sich selbst stellt Theresia durch ihren Tod ein halbes Jahr später unter Beweis, was sie am Schluß sagt: „Singend werde ich auf dem Schlachtfeld sterben, die Waffen in der Hand."

„Zieht die Rüstung Gottes an, damit ihr den listigen Anschlägen des Teufels widerstehen könnt!" Eph 6, 11

„Die Königsbraut ist schrecklich wie ein zur Schlacht aufgestelltes Heer, sie gleicht einem Musikchor in einem Heerlager."
Vgl. Hld 6, 10

Des Allmächtigen Waffen habe ich angelegt,
Seine göttliche Hand hat sich gewürdigt, mich zu rüsten.
Nichts kann mir künftig Schrecken bereiten.
Wer kann mich von seiner Liebe trennen?
Wenn ich mich an Seiner Seite in die Arena stürze,
Werde ich weder Stahl noch Feuer fürchten.
Meine Feinde sollen wissen, daß ich Königin bin,

Daß ich bin die Braut eines Gottes.
O mein Jesus, ich werde die Rüstung in Ehren halten,
Die ich unter Deinen angebeteten Augen anlege.
Mein schönster Schmuck werden bis zum Ende des Lebens sein
Meine heiligen Gelübde!

O Armut, mein erstes Opfer,
Bis zu meinem Tod wirst du mir überallhin folgen,
Denn ich weiß es: Um in der Rennbahn zu laufen,
Muß der Athlet sich von allem entledigen.
Kostet, ihr Weltleute, den Gewissensbiß und den Kummer,
Diese bitteren Früchte eurer Eitelkeit!
Ich, ich werde in der Arena fröhlich
Die Siegespalmen der Armut pflücken.
Jesus hat gesagt: „Durch die Anstrengung geschieht es,
Daß man das Himmelreich an sich reißt."
Nun gut, die Armut wird mir als Lanze dienen,
Als glorreicher Helm.

Die Keuschheit macht mich zur Schwester der Engel,
Dieser reinen und siegreichen Geister.
Ich hoffe, eines Tages in ihre Reihen zu fliegen,
Doch in der Verbannung muß ich kämpfen wie sie.
Ich muß kämpfen ohne Ruh und Rast
Für meinen Bräutigam, den Herrn der Herren.
Die Keuschheit, sie ist das himmlische Schwert,
Das Ihm die Herzen erobern kann.
Die Keuschheit ist meine unbesiegliche Waffe;
Meine Feinde werden durch sie besiegt.
Durch sie werde ich, — o unsagbares Glück! —
Die Braut Jesu.

Der stolze Engel rief inmitten des Lichtes:
„Ich werde nicht gehorchen!"

Ich dagegen rufe in der Nacht der Erde:
„Ich will hienieden immer gehorchen."
Ich fühle in mir eine heilige Kühnheit erwachen;
Der Wut der ganzen Hölle trotze ich.
Der Gehorsam ist mein fester Panzer
Und der Schild meines Herzens.
Gott der Heerscharen, keinen anderen Ruhm will ich,
Als meinen Willen in allem zu unterwerfen,
Denn der Gehorsame wird von seinen Siegen sprechen
Während der ganzen Ewigkeit.

Wenn ich die mächtigen Waffen des Kriegers habe,
Wenn ich ihn nachahme und tapfer kämpfe
Wie die Jungfrau mit hinreißenden Gnaden,
Will auch ich während des Kampfes singen.
Du lässest die Saiten meiner Leier erklingen;
Und diese Leier, mein Jesus, das ist mein Herz!
Dann kann ich die Kraft und die Zartheit
Deiner Erbarmungen besingen.
In Deinen Armen, mein göttlicher Bräutigam,
Trotze ich lächelnd dem Kugelregen,
Und singend werde ich auf dem Schlachtfeld sterben,
Die Waffen in der Hand!

49
An Unsere Liebe Frau von der immerwährenden Hilfe

März 1897. — Erbeten von Schwester Marie de la Trinité.

Das katholische Abendland hat sich heutzutage mit der orientalischen Ikone von der immerwährenden Hilfe angefreundet. Im Frankreich des 19. Jahrhunderts war das nicht so; die Verehrung dieses Bildes war eine seltene Ausnahme. Erst unter dem Einfluß der Redemptoristen fand es seit 1866 größere Verbreitung.

Schwester Marie de la Trinité fühlte sich zu diesem Bild hingezogen. Im Blick der Allerseligsten Jungfrau findet sie den Spiegel ihres kindlichen Gewissens: ein Lächeln, wenn sie brav, eine Traurigkeit, wenn sie böse war. Seit sie 1894 im Karmel Postulantin geworden war, vertraut sie Unserer Lieben Frau von der immerwährenden Hilfe die Lösung der Schwierigkeiten an, die sich gegen ihren Eintritt in Lisieux stellen. Im März macht sie ihre Exerzitien, und diese Gedanken haben sie sicher aufrechterhalten. Theresia glückt es, die Gedanken ihrer Mitschwester in Verse zu fassen, die ein sehr einfaches Zeugnis ihrer kindlichen Liebe zu Maria zum Ausdruck bringen.

Geliebte Mutter, von meiner zarten Jugend an
Hat dein süßes Bild es verstanden, mein Herz zu entzücken.
In deinem Blick las ich deine Zärtlichkeit,
Und nahe bei dir fand ich das Glück.

> *Kehrvers*
> Jungfrau Maria, am himmlischen Ufer
> Werde ich nach der Verbannung hingehen, dich immer zu schauen,
> Hienieden aber ist dein süßes Bild
> Meine immerwährende Hilfe.

Als ich verständig und sehr folgsam war,
Schien mir, daß du mir zulächeltest.

Und wenn ich mitunter etwas böse war,
Glaubte ich zu sehen, daß du über mich weintest.

Meine einfältige Bitte erhörend,
Zeigtest du mir deine mütterliche Liebe.
Dich betrachtend, fand ich auf der Erde
Einen Vorgeschmack der Wonnen des Himmels.

Wenn ich im Kampfe ringe,
Stärkst du, meine geliebte Mutter, mein Herz.
Denn du weißt es: Am Abend dieses Lebens
Möchte ich dem Herrn Priester anbieten.

Immer, immer, Bild meiner Mutter, —
Ja, du wirst mein Glück sein, mein Reichtum.
Und in meiner letzten Stunde möchte ich,
Daß sich mein Blick noch einmal auf dich hefte.

Kehrvers
Dann, auffliegend zum himmlischen Ufer,
Werde ich, Mutter, hingehen, mich auf deinen Schoß zu setzen.
Dann werde ich ohne Einschränkung
Deine so süßen Küsse empfangen können.

Erinnerung an gesegnete Exerzitien, März 1897

50

An Jeanne d'Arc

Wahrscheinlich Mai 1897. — Spontane Niederschrift mit Bleistift auf blauem Papier, das bis in die letzten Jahre hinein vernachlässigt war und deshalb im Heiligsprechungsprozeß nicht aufgeführt wurde.

Seit ihrer Kindheit liebt sie die heilige Jeanne d'Arc, doch in ihrem Todesjahr empfindet Theresia das Bedürfnis, deren Geheimnis noch mehr zu entdecken, wie um sich mit ihr auf der Schwelle des eigenen Leidens zu identifizieren. Während ihrer Krankheit wendet sie sich oft an Jeanne, die nicht im Sieg und im Ruhm sich vollendet, sondern im Kerker und im Verratenwerden. Dadurch wird sie Jesus gleichförmig, der durch seinen Tod allem Leiden Anziehungskraft verleiht. Auch Theresia befindet sich durch ihre Glaubensprüfung „im Abgrund eines schwarzen Kerkers, mit schweren Ketten beladen". Durch die Krankheit trinkt sie „aus dem bitteren Kelch des Vielgeliebten". Auch uns erscheint sie „leuchtender und schöner in ihrem dunklen Gefängnis".

Als der Gott der Waffen dir den Sieg verlieh,
Verjagtest du den Ausländer und ließest den König salben.
Jeanne, dein Name wurde berühmt in der Geschichte.
Unsere größten Eroberer verblassen vor dir.

Das war aber dennoch nur ein Eintagsruhm.
Dein Name hatte den Ruhm der Heiligen nötig.
Deshalb reichte dir der Vielgeliebte seinen bitteren Kelch,
Und wie Er wurdest du von den Menschen verworfen.

Im Abgrund eines dunklen Kerkers warst du mit schweren Ketten beladen.
Der grausame Ausländer tränkte dich mit Schmerzen.
Kein einziger deiner Freunde nahm teil an deinen Peinen;
Kein einziger drängte sich herzu, deine Tränen zu trocknen.

Jeanne, in deinem dunklen Gefängnis erscheinst du mir
Glänzender und schöner als bei der Krönung deines Königs.
Was hat dir nur diesen himmlischen Widerschein
Deiner ewigen Glorie eingebracht? Das war der Verrat.

Ach, wenn der Gott der Liebe nicht ins Tal der Tränen
Gekommen wäre, um den Verrat, den Tod zu suchen,
Dann wäre das Leiden für uns ohne Anziehung gewesen.
Jetzt lieben wir es; es ist unser Reichtum.

51
Eine entblätterte Rose

19. Mai 1897. — Erbeten von Mutter Henriette im Karmel von Paris.

In ihrer Krankenzelle „fährt Theresia noch fort zu nähen. Sie hat Angst, ihre Zeit zu verlieren. Sie kann noch Gedichte verfassen, um ihren Schwestern Freude zu machen. Mutter Henriette im Karmel von Paris hat von dieser jungen Karmelitin, die dichtet, gehört und will sich davon persönlich überzeugen. ‚Wenn es stimmt, daß diese kleine Schwester in Lisieux eine Perle ist und schöne Gedichte schreibt, dann soll sie mir eines ihrer Gedichte schicken; dann werde ich das selber sehen.' Sie richtet an sie eine Art Herausforderung, welche die Kranke wieder in Fahrt bringt. Mutter Henriette erhält ‚Eine entblätterte Rose', ein Gedicht mit fünf Strophen. Die Karmelitin von Paris schätzt dieses schöne, aber (ihrer Meinung nach) unvollendete Gedicht; ihr fehlt die Schlußstrophe: Beim Tod wird der liebe Gott die zerstreuten Rosenblätter wieder sammeln, um daraus eine schöne Rose zu gestalten, welche durch die ganze Ewigkeit hin leuchten wird. Für Theresia bedeutet das eine völlige Sinnwidrigkeit. Sie antwortet: Die gute Mutter soll selbst diesen Vers machen, wie sie ihn versteht; was mich angeht, so bin ich in keiner Weise inspiriert, ihn zu machen. Mein Verlangen ist, für immer entblättert zu sein, um dem lieben Gott Freude zu machen. Punctum! Das ist alles!" (Guy Gaucher, „Chronik eines Lebens", S. 262 f.).

Wenige begnadete Seelen sind so weit gegangen wie Theresia, die am Ende ihrer Kräfte steht und die ihr „Nichts" in einem Akt reiner und vollkommener Liebe unter die Schritte Jesu breitet. Zu Beginn des Monats Mai, der die Rosen wieder blühen läßt, können die Novizinnen dem gekreuzigten Herrn im Innenhof des Klosters wieder voll Liebe Rosenblätter zuwerfen; aber Theresia kann sich ihnen nicht mehr anschließen: „Ich muß sterben." Sie ist und will nichts anderes mehr sein als eine aus Liebe zum Herrn völlig entblätterte Rose.

Jesus, wenn ich Dich sehe, wie Du, von Deiner Mutter unterstützt,
Ihre Arme verläßt
Und zaghaft auf unserer traurigen Erde
Deine ersten Schritte unternimmst,
Dann möchte ich vor Dir in ihrer Frische
Eine Rose entblättern,
Damit Dein kleiner Fuß sehr sanft aufruhe
Auf einer Blume!

Diese entblätterte Rose, sie ist das getreue Abbild,
Göttliches Kind,
Des Herzens, das sich für Dich ohne Einschränkung opfern will
In jedem Augenblick.
Herr, mehr als nur eine frische Rose freut sich,
Auf Deinen Altären zu leuchten;
Sie schenkt sich Dir ... Doch ich träume von etwas anderem!
Nämlich „mich selbst entblättern!"

Die Rose in ihrer Pracht kann Dein Fest verschönern,
Liebenswürdiges Kind!
Die entblätterte Rose aber, — man wirft sie einfach weg,
Gibt sie dem Winde preis.
Eine entblätterte Rose schenkt sich, ohne sich zu zieren,
Um nicht mehr zu sein.
Wie sie gebe ich mich glücklich an Dich hin,
Kleiner Jesus!

Man schreitet ohne Bedauern über die Rosenblätter hin,
Und diese Trümmer
Sind eine sehr einfache Verzierung, die man ohne Kunst anbringt.
Ich habe das begriffen.
Jesus, um Deiner Liebe willen habe ich mein Leben verschwendet.
Meine Zukunft:
In den Blicken der Sterblichen eine für immer verwelkte Rose.
Ich muß sterben!

Für Dich, Kind, muß ich sterben, Du höchste Schönheit!
    Welch glückliches Los!
Mich entblätternd, möchte ich Dir beweisen, daß ich Dich liebe,
    Du meine Kostbarkeit!
Unter Deinen kindlichen Schritten will ich ganz verborgen
    Hienieden leben,
Und noch auf Kalvaria möchte ich
    Deine letzten Schritte versüßen! ...

52
Die Hingabe ist die köstliche Frucht der Liebe

31. Mai 1897. — Erbeten von Schwester Thérèse de Saint-Augustin.

Es handelt sich um jene Schwester, die Theresia im Jahre 1893 zu ihrem ersten Gedicht veranlaßt hatte. Sie hatte „das Gelübde der Hingabe an das Wohlgefallen Gottes" gemacht. Sie bekennt selbst ganz demütig, daß eine Rückkehr ihrer Natur diese schöne Frucht verdarb. Hatte sie nicht darauf spekuliert, sich durch diesen Schritt „einige Überlegenheit in der Vollkommenheit" zu sichern? Doch für Theresia ist die Hingabe nicht „das Werk dessen, der will, oder dessen, der läuft, sondern das Werk Gottes, der Erbarmen erweist". Da sie diese vollständige Hingabe angesichts des Todes in sich verwirklicht sieht, bringt sie ihre Huldigung dafür ihrem einzigen Urheber dar: „Jetzt bin ich dort; der liebe Gott hat mich dorthin gebracht; er hat mich in die Arme genommen und dort hingestellt ..." (LG 83).

Es gibt auf dieser Erde
Einen wunderbaren Baum.
Seine Wurzel, — welch Geheimnis! —
Befindet sich im Himmel.

Niemals könnte unter seinem schattigen Laubwerk
Irgend etwas verletzen.
Dort, ohne den Sturm zu fürchten,
Kann man sich ausruhen.

Schau, die Liebe ist der Name
Dieses unaussprechlichen Baumes,
Und seine köstliche Frucht
Nennt sich: die Hingabe.

Wenn ich diese Frucht berühre,
Kommt sie mir vor wie ein Schatz.

Wenn ich sie zu meinem Munde führe,
Ist sie mir noch viel süßer.

Sie schenkt mir in dieser Welt
Einen Ozean von Frieden.
In diesem tiefen Frieden
Ruhe ich für immer ...

Nur die Hingabe, o Jesus,
Liefert mich in Deine Arme aus.
Sie ist es, die mich leben läßt
Vom Leben der Auserwählten.

An Dich gebe ich mich hin,
Mein göttlicher Bräutigam,
Und sehnlichst wünsche ich nur
Deinen so milden Blick.

Ich selbst, ich möchte Dir zulächeln,
Einschlummernd an Deinem Herzen.
Immer wieder möchte ich sagen,
Daß ich Dich liebe, Herr!

Wie das Gänseblümchen
Mit goldenem Kelch,
So öffne ich kleines Blümchen
Mich zur Sonne hin.

Meine milde Lebenssonne,
O mein liebenswürdiger König,
Ist Deine göttliche Hostie,
Klein wie ich selbst ...

Der leuchtende Strahl
Ihrer himmlischen Flamme

Läßt in meiner Seele entspringen
Die vollkommene Hingabe.

Alle Kreaturen
Können mich im Stiche lassen.
Dir nahe werde ich ohne Klagen verstehen,
Darüber hinwegzukommen.

Und wenn Du mich verlässest,
Mein göttlicher Reichtum, —
Deiner Zärtlichkeiten beraubt,
Will ich immer noch lächeln.

Im Frieden, mein milder Jesus,
Will ich Deine Rückkehr erwarten,
Ohne meine Gesänge der Liebe
Jemals auszusetzen.

Nein, nichts beunruhigt mich,
Nichts kann mich verwirren.
Viel höher als die Lerche
Versteht meine Seele zu fliegen.

Über den Wolken
Ist der Himmel immer blau.
Man rührt an die Ufer,
Wo der liebe Gott herrscht.

Im Frieden erwarte ich die Glorie
Der himmlischen Wohnung,
Denn im Speisekelch finde ich
Die süße Frucht der Liebe!

53

Für Schwester Marie de la Trinité

Eine Lilie mitten unter den Dornen

Mai 1897. — Von dieser Schwester erbeten.

Wenn jedes Motiv der Angst einmal verschwunden sein wird, wird Marie de la Trinité die Schwesterngemeinschaft mehr als einmal unterhalten durch die Schilderung ihrer mutwilligen Jugendstreiche inmitten der Sehenswürdigkeiten, der Läden und Märkte von Paris. Ihrer jungen Schülerin, die mitunter von Fragen über die Keuschheit verwirrt ist, schenkt Theresia Zuversicht, nicht durch Selbstvertrauen, sondern durch Vertrauen auf die zuvorkommende Liebe des Herrn, die allein fähig ist, die Lilie, „die sich aus dem Schlamm erhebt", rein zu erhalten.

Das Erbe der Lieblingsnovizin Theresias ist damit auf acht Gedichte angewachsen. Es war für ein Herz, „das nötig hatte, bis ins Unendliche zu lieben", kein geringes Privileg, eine Schwester als Freundin und die Heilige der Liebe als Führerin so nahe zu haben.

Herr, Du hast mich von meiner zartesten Kindheit an erwählt,
Und ich kann mich das Werk Deiner Liebe nennen.
In meiner Dankbarkeit möchte ich, o mein Gott,
O, ich möchte Dich meinerseits entschädigen können!
Jesus, mein Vielgeliebter, was ist das für ein Privileg?
Armes kleines Nichts, was habe ich schon für Dich getan?
Und da sehe ich mich eingereiht in das königliche Gefolge
Der Jungfrauen Deines Hofes, liebenswürdiger und göttlicher König!

Aber leider, ich bin nichts als die Schwäche selbst,
Du weißt es, o mein Gott! Ich habe keine Tugenden.
Aber Du weißt auch dies: Der einzige Freund, den ich liebe,
Jener, der mich bezaubert hat, das bist Du, mein milder Jesus!

Seitdem mein junges Herz sich an dieser Flamme entzündet hat,
Die sich Liebe nennt, kommst Du, sie zu beanspruchen ...
Und Du allein, o Jesus, konntest meine Seele befriedigen,
Die bis ins Unendliche nötig hatte zu lieben.

Wie ein kleines Lamm fern von der Hürde
Sprang ich fröhlich und ausgelassen herum, ohne die Gefahr zu kennen.
Aber du, Königin des Himmels, meine geliebte Hirtin,
Deine unsichtbare Hand verstand es, mich zu beschützen.
Als ich am Rand der Abgründe spielte,
Zeigtest du mir auch schon den Gipfel des Karmels.
Nun begriff ich die strengen Wonnen,
Die ich lieben müßte, um zum Himmel zu fliegen.

Herr, wenn Du die Reinheit des Engels liebst,
Dieses Feuergeistes, der sich im hohen Blau bewegt, —
Liebst Du dann nicht auch die Lilie, die sich aus dem Schlamm erhebt,
Die Deine Liebe rein zu erhalten verstand?
Wenn der Engel, mein Gott, mit goldenem Flügel glücklich ist,
Der vor Dir erscheint, strahlend von Reinheit,
Dann ist meine Freude der seinen schon hienieden ähnlich,
Denn ich habe ja als Reichtum die Jungfräulichkeit! ...

54

Warum ich dich liebe, Maria

Mai 1897. — Spontane Niederschrift, doch zugleich erbeten von Schwester Marie vom heiligsten Herzen.

Dieses Gedicht bringt Theresias „marianisches Testament. Man steht im Monat Mai, dem Monat Marias. Sie vertraut Schwester Geneviève an: ‚Ich habe noch vor dem Sterben einige Dinge zu tun. Ich habe immer davon geträumt, in einem Gesang an die Heilige Jungfrau all das auszudrücken, was ich von ihr denke'. Sie hat im Laufe ihres Lebens zahlreiche Predigten über sie gehört, aber nur sehr wenige haben sie befriedigt. Wieviel ‚unwahrscheinliche Dinge' werden von den Predigern gesagt! Sie zeigen Maria, als sei sie unzugänglich, mehr Königin als Mutter, welche den Ruhm ihrer Kinder verdunkelt. ‚Wie gerne wäre ich Priester gewesen, um über die heilige Jungfrau predigen zu können!' Sie hätte sie ‚nachahmbar' gezeigt, ‚mehr Mutter als Königin'. In fünfundzwanzig Strophen schreitet sie das ‚wirkliche, nicht erfundene Leben' Marias von Nazaret ab nach der Chronologie der Evangelien, die ihr einziger Führer bleiben. Ein ganz einfaches Leben schildert sie, ein Leben aus dem Glauben wie bei uns, wie bei Therese … Erst in der letzten Strophe kommt Therese auf ihre eigene Geschichte zu sprechen: ‚Bald werde ich hingehen, um dich im schönen Himmel zu schauen. Du, die du am Morgen meines Lebens kamst, mir zuzulächeln, komm, Mutter, mir nochmals zuzulächeln. Sieh, der Abend ist da!'" (Guy Gaucher „Chronik eines Lebens", S. 263 f.)

Ich möchte singen, Mutter, warum ich dich liebe,
Warum dein so süßer Name
Mein Herz aufjubeln läßt,
Und warum es meiner Seele
Keinen Schrecken einflößen kann,
An deine höchste Größe zu denken.
Wenn ich dich in deiner

Erhabenen Glorie betrachten würde,
Wie du den Glanz aller Seligen überschreitest,
Dann könnte ich nicht glauben,
Daß ich dein Kind bin;
Ach, dann müßte ich vor dir, Maria,
Die Augen senken.

Damit ein Kind seine Mutter liebhaben kann,
Muß sie mit ihm weinen
Und seine Schmerzen teilen.
Du Königin meines Herzens,
Wie viele Tränen hast du vergossen
Auf dem fremden Gestade,
Um mich an dich zu ziehen!
Wenn ich dein Leben betrachte,
Wie es das Evangelium beschreibt,
Wage ich es, dich anzuschauen
Und mich dir zu nähern;
Dann fällt es mir nicht schwer,
Mich als dein Kind anzusehen,
Denn hier sehe ich dich sterblich
Und leidend wie mich selbst.

Als ein Engel des Himmels dir anbot,
Die Mutter jenes Gottes zu sein,
Der durch die ganze Ewigkeit herrschen soll,
Sehe ich — welch staunenswertes Geheimnis! —,
Daß du dennoch
Den unaussprechlichen Schatz
Der Jungfräulichkeit bevorzugst;
Und ich begreife, du unbefleckte Jungfrau,
Daß deine Seele
Dem Herrn lieber ist als seine göttliche Einkehr;
Ich begreife, daß deine demütige

Und mild umfriedete Seele
Meinen Jesus umfängt, den Ozean der Liebe!

Ich liebe dich und ich nenne dich die kleine Magd
Dieses Gottes, den du
Durch deine Demut entzückst.
Diese große Tugend macht dich allmächtig;
Sie zieht die heilige Dreifaltigkeit in dein Herz.
Sodann bedeckt dich der Geist der Liebe
Mit seinem Schatten,
Und der Sohn, dem Vater wesensgleich,
Hat in dir Fleisch angenommen ...
Da die Zahl seiner sündigen Brüder
Sehr groß sein wird,
Muß man Jesus deinen Erstgeborenen nennen.

O Maria, du weißt es: trotz meiner Kleinheit
Besitze ich wie du in mir den Allmächtigen.
Doch wenn ich meine Schwäche sehe,
Zittere ich nicht,
Denn der Reichtum der Mutter
Gehört auch dem Kind ...
Ich bin dein Kind, o vielgeliebte Mutter!
Deine Tugenden, deine Liebe,
Gehören sie nicht mir?
Wenn die weiße Hostie in mein Herz niedersteigt,
Glaubt Jesus, dein sanftes Lamm,
In dir selbst zu ruhen!

Du läßt es mich empfinden: es ist nicht unmöglich,
Auf deinen Spuren zu wandeln,
Du Königin der Auserwählten!
Du hast den schmalen Weg zum Himmel
Sichtbar gemacht,

Indem du stets die schlichtesten Tugenden übtest.
Maria, wenn ich bei dir bin,
Freut es mich, klein zu bleiben;
Dann sehe ich die Eitelkeit
Der großen Dinge hienieden.
Bei der heiligen Elisabeth,
Die deinen Besuch empfing,
Lerne ich, die brennende Liebe zu üben.

Milde Königin der Engel, kniend höre ich dort
Den heiligen Gesang, der aus deinem Herzen quillt;
So lehrst du mich, den göttlichen Lobpreis zu singen
Und mich zu rühmen in Jesus, meinem Retter.
Deine Worte voll Liebe sind geheimnisreiche Rosen,
Welche die künftigen Jahrhunderte
Mit ihrem Duft erfüllen sollen.
Große Dinge hat der Allmächtige an dir getan;
Ich will sie bedenken, um ihn dafür zu preisen.

Da nun der gute heilige Joseph
Das Wunder nicht kennt,
Das du in deiner Demut verbergen möchtest,
Läßt du ihn jenem Tabernakel ganz nahe weinen,
Der die göttliche Schönheit des Erlösers verbirgt.
O wie liebe ich dein beredtes Schweigen!
Es ist für mich süße und klangreiche Musik,
Die mir von der Größe und der Allmacht
Einer Seele spricht,
Die ihre Hilfe allein vom Himmel erwartet.

Später, in Bethlehem, o Joseph, o Maria,
Sehe ich euch von allen Einwohnern abgewiesen.
Niemand will arme Fremde
In seiner Herberge aufnehmen ...

Der Platz ist für die Großen.
Der Platz ist also für die Großen;
So muß die Königin des Himmels
Gott in einem Stalle gebären.
O Mutter des Erlösers,
Wie finde ich dich liebenswert!
Wie finde ich dich groß an einem so armseligen Ort!

Wenn ich den Ewigen in Windeln gewickelt sehe
Und das schwache Schreien des ewigen Wortes höre,
Sollte ich wohl in diesem Augenblick, Maria,
Die Engel beneiden?
Ihr anbetungswürdiger Herr
Ist ja mein geliebter Bruder!
O wie ich dich preise,
Die du diese göttliche Blüte
Auf unseren Ufern zur Entfaltung kommen ließest!
Wie ich dich liebe,
Wie du die Hirten und Weisen anhörst
Und sorgfältig alles in deinem Herzen bewahrst!

Ich liebe dich, wenn du dich
Unter die anderen Frauen mischest,
Die ihre Schritte zum heiligen Tempel hin lenken;
Ich liebe dich, die du den Retter unserer Seelen
Dem ehrwürdigen Greis darreichst,
Der ihn in seine Arme schließt.
Zunächst höre ich voll Freude seinen Lobpreis;
Doch bald bringen mich seine Worte dazu,
Tränen zu vergießen,
Weil Simeon einen prophetischen Blick
In die Zukunft taucht
Und dir ein Schwert der Schmerzen ankündigt.

O Königin der Martyrer, dieses Schmerzensschwert
Wird dir bis zum Abend deines Lebens
Das Herz durchbohren.
Und sieh, schon mußt du
Den Heimatboden verlassen,
Um der eifersüchtigen Wut
Eines Königs auszuweichen.
Jesus schläft friedlich
Unter den Falten deines Schleiers;
Doch Joseph kommt, um dich zu bitten,
Augenblicklich aufzubrechen.
Sogleich aber zeigt sich dein Gehorsam:
Du brichst auf ohne eine Verzögerung
Und ohne Widerspruch.

Im Lande Ägypten, so scheint mir, Maria,
Bleibt dein Herz
Inmitten der Armut dennoch fröhlich;
Ist denn nicht Jesus die schönste Heimat?
Was bedeutet dir schon die Verbannung!
Du besitzest ja den Himmel!
Aber in Jerusalem überflutet dein Herz sofort
Eine bittere Traurigkeit wie ein weites Meer:
Drei Tage lang verbirgt sich Jesus
Deiner Zärtlichkeit.
Ja, das ist nun gewiß die Verbannung
In all ihrer Härte.

Endlich erblickst du ihn,
Und deine Liebe trägt dich hin ...
Du sagst zu dem herrlichen Kind,
Das die Gelehrten entzückt:
„Mein Sohn, warum handelst du in solcher Weise?
Siehe, dein Vater und ich,

Wir suchten dich unter Tränen! ...“
Doch der Sohn Gottes (welch tiefes Geheimnis),
Antwortet der Mutter,
Die er liebt, und der er die Arme entgegenstreckt:
„Warum suchtet ihr mich? ...
An die Werke meines Vaters
Muß ich jetzt schon denken ...
Wußtet ihr das nicht?“

Das Evangelium zeigt mir Jesus,
Zunehmend an Weisheit,
Wie er Maria und Joseph unterworfen bleibt.
Mein Herz offenbart mir,
Mit welchem Feinempfinden
Er seinen geliebten Eltern immer gehorcht.
Jetzt verstehe ich das Geheimnis
Des Ereignisses im Tempel,
Den Tonfall in der Antwort
Meines liebenswürdigen Königs.
Mutter, dieses Kind voll Güte möchte,
Daß du für die Seele,
Die ihn in der Nacht des Glaubens sucht,
Vorbild seiest.

Da der König der Himmel gewollt hat,
Daß seine Mutter
Der Nacht unterworfen war
Und der Angst des Herzens —
Ist es dann nicht ein hohes Gut,
Auf Erden zu leiden?
O ja! In Liebe leiden, das ist das lauterste Glück!
Alles, was er mir gab,
Kann Jesus auch wieder nehmen.
Sag ihm, er möge niemals

Auf mich Rücksicht nehmen!
Gerne kann er sich verbergen,
Und ich bin einverstanden, auf ihn zu warten
Bis zum Tag ohne Untergang,
Wo mein Glaube erlöschen darf.

Ich weiß, Jungfrau voll der Gnaden,
Daß du ganz arm
In Nazaret lebtest
Und nichts weiter verlangtest:
Keinerlei Verzückungen, Wunder oder Ekstasen
Verschönten dein Leben,
Du Königin der Auserwählten!
Die Zahl der Kleinen ist ja so groß auf Erden;
Sie können ohne Zittern zu dir die Augen erheben,
Weil es dir gefiel, du unvergleichliche Mutter,
Auf dem gewöhnlichen Weg zu gehen,
Um sie zum Himmel zu führen!

Während dieser traurigen Verbannung,
meine geliebte Mutter,
Will ich mit dir leben und jeden Tag dir folgen.
Jungfrau, wenn ich dich betrachte,
Tauche ich entzückt tief unter
Und entdecke in deinem Herzen
Die Abgründe der Liebe.
Dein mütterlicher Blick verbannt all meine Ängste;
Er lehrt mich, wie ich weinen soll
Und wie mich freuen.
Anstatt die Tage heiliger Feste zu verachten,
Willst du auch sie mit uns teilen
Und bist bereit, sie zu segnen.

Wie du die Unruhe der Brautleute in Kana bemerkst,
Die sie nicht verbergen können,

Weil ihnen der Wein ausgeht,
Sagst du es in deiner Sorge dem Erlöser,
Hilfe erhoffend von seiner göttlichen Macht.
Zunächst scheint Jesus deine Liebe zurückzuweisen:
„Frau“, antwortet er,
„Was berührt das dich und mich?“
Aber im Grunde seines Herzens
Heißt er dich seine Mutter,
Und sein erstes Wunder wirkt er für dich!

Als eines Tages die Sünder die Lehre dessen hörten,
Der sie im Himmel aufnehmen möchte,
Finde ich dich, Mutter, mit ihnen auf dem Hügel.
Irgend jemand sagt Jesus,
Daß du ihn sehen möchtest.
Da zeigt dein göttlicher Sohn vor der ganzen Menge
Die Unermeßlichkeit seiner Liebe zu uns und sagt:
„Wer ist mein Bruder und meine Schwester
Und meine Mutter,
Wenn nicht jener, der meinen Willen tut?“

O unbefleckte Jungfrau, o zärtliche Mutter!
Du betrübst dich nicht, da du dies von Jesus hörst;
Vielmehr freust du dich,
Daß er uns begreiflich macht,
Daß hienieden unsere Seelen
Zu seiner Familie werden.
Ja, du freust dich, daß er uns sein Leben mitteilt,
Die unendlichen Schätze seiner Gottheit.
Wie sollten jene dich nicht lieben,
Dich nicht preisen, Maria,
Die deine Großmut uns gegenüber wahrnehmen?

Wirklich, du liebst uns, wie Jesus uns liebt,
Und du willigst ein, um unseretwillen

Ihm fern zu bleiben.
Lieben heißt ja, alles hergeben
Und dazu noch sich selbst schenken;
Du wolltest dies bekräftigen,
Indem du uns Stütze bleibst.
Der Erlöser kannte deine unendliche Zärtlichkeit,
Er wußte um die Geheimnisse
Deines mütterlichen Herzens ...
Zuflucht der Sünder, dir vertraute er uns an,
Um uns, nachdem er das Kreuz hinter sich ließ,
Im Himmel zu erwarten.

Du zeigst dich mir, Maria,
Droben auf dem Kalvarienberg
Aufrecht stehend und ganz nahe beim Kreuz
Wie ein Priester am Altar.
Um die Gerechtigkeit des Vaters
Zu besänftigen, opferst du
Deinen geliebten Jesus, den gütigen Emmanuel.
Ein Prophet hat es von dir gesagt,
Du trostlose Mutter:
„Es gibt keinen Schmerz gleich deinem Schmerz."
O Königin der Martyrer,
Du bleibst in der Verbannung
Und verschenkst für uns freigebig
Alles Blut deines Herzens.

Das Haus des heiligen Johannes
Wird deine letzte Heimstatt;
Der Sohn des Zebedäus hat Jesus ersetzt!
Dies ist die letzte Einzelheit,
Die das Evangelium berichtet;
Von der Jungfrau Maria spricht es nicht mehr.
Aber, geliebte Mutter,

Enthüllt nicht sein tiefes Schweigen,
Daß nunmehr das göttliche Wort selbst
Die Geheimnisse deines Lebens besingen will,
Um deine Kinder zu erfreuen
Und alle Auserwählten im Himmel?

Bald werde ich diese süße Harmonie vernehmen;
Bald werde ich hingehen,
Um dich im schönen Himmel zu schauen.
Du, die du am Morgen meines Lebens kamst,
Mir zuzulächeln,
Sieh, der Abend ist da!
Ich fürchte den Glanz
Deiner höchsten Herrlichkeit nicht mehr,
Habe ich doch mit dir gelitten ...
Und nunmehr will ich,
Heilige Jungfrau, es auf deinen Knien singen,
Warum ich dich liebe ...
Und auf immer wiederholen,
Daß ich dein Kind bin!

Ergänzungen

Nach ihrem letzten großen Gedicht „Warum ich dich liebe, Maria" verfaßt Theresia nur noch drei ganz kurze Gedichte. Man nannte sie „Melodien der Liebe". Weil sie den Klang reiner Liebe hören lassen, werden sie hier als Ergänzungen zu den anderen Gedichten noch gebracht.

E 1
An Mutter Marie de Gonzague

21. Juni 1897. — Zum Namenstag der Priorin.

Dem kleinen Gedicht ist der Erschöpfungszustand Theresias anzumerken. Sie steht seit zwölf Tagen unter einer Milchdiät, auf die sie anspielt. Die Mützen, die sie erwähnt, hatte sie zusammen mit der Schwester Marie de Saint-Joseph angefertigt. Um diese Zeit verwendet sie ihre letzten Kräfte auf die Abfassung des dritten Teiles ihrer „Selbstbiographischen Schriften".

Auch ich, geliebte Mutter,
Möchte mein kleines Wort sagen,
Doch hat man nicht viele Einfälle,
Wenn man nur Milch trinken muß.
Dennoch, geliebte Mutter,
Biete ich Ihnen in großem Glück
Ein Album mit Photographien dar,
Meine Mützen und mein kleines Herz.

E 2

Das Schweigen ist die sanfte Sprache

Wahrscheinlich Juni 1897. — Vermutlich für Schwester Marie de Saint-Joseph.

Die beiden Strophen strömen über von jener schwesterlichen Liebe, die eines der Hauptthemen des dritten Teils der „Selbstbiographischen Schriften" ist. Die Ähnlichkeit der Ausdrucksweise ist greifbar: „Wie glücklich werde ich im Himmel sein, wenn wir an der göttlichen Vollkommenheit teilhaben und jedem austeilen können, ohne unsere liebsten Freunde frustrieren zu müssen" (B 367)!

Wahrscheinlich handelt es sich bei Theresias Versen um einen sehr zart empfundenen Abschiedsgruß an Schwester Marie de Saint-Joseph, der man keinen Zutritt zum Krankenzimmer Theresias gestattete wegen deren Krankheit.

„Das ist mein Gebot, daß ihr einander liebt,
wie ich euch geliebt habe."

Joh 16, 12

Das Schweigen ist die sanfte Sprache
Der Engel, aller Auserwählten.
Es muß auch der Anteil sein
Der Seelen, die sich in Jesus lieben.

Nur inmitten von Opfern
Kann man im Karmel sich lieben.
Eines Tages werden wir, berauscht von Wonnen,
Uns lieben im Himmel.

E 3

Du, der du meine äußerste Kleinheit kennst

16. Juli 1897. — Vermutlich in der Nacht vom 12./13. Juli hatte Theresia die Strophe für den Empfang der heiligen Kommunion gedichtet als Zusatzstrophe zu „Aus Liebe leben! ...“ (Nr. 17).

„Es ist mir ganz leicht gefallen“, sagte sie, „das ist erstaunlich; ich dachte, ich könnte nie mehr Gedichte machen“ (LG 98). Während Theresia die heilige Kommunion empfängt, singt Schwester Marie de l'Eucharistie die Strophe. „Als Jesus in meinem Herzen war, sang sie noch das Lied ‚Aus Liebe leben!‘ Aus Liebe sterben, ist ein sanftes Martyrium. Ich kann Ihnen nicht sagen, wie klar und schön Ihre Stimme war“ (B 373).

Es handelt sich um die letzten Verse, die Theresia schrieb; sie wird keine mehr verfassen. Am 30. September 1897 starb sie wirklich „den Tod aus Liebe“: „O, ich liebe ihn ... Mein Gott, ich liebe dich! ...“

Du, der du meine äußerste Kleinheit kennst,
Du hast keine Furcht, dich zu mir herabzuneigen!
Komm in mein Herz, du weiße Hostie, die ich liebe;
Komm in mein Herz, es sehnt sich nach dir!
Ach, ich möchte, daß nach dieser Gunstbezeigung
Deine Güte mich sterben lasse aus Liebe.
Jesus, höre den Ruf meiner zärtlichen Liebe,
Komm in mein Herz!

Inhaltsübersicht

Schriften von und über die heilige Theresia von Lisieux
im *Johannes-Verlag Leutesdorf* (Auswahl)

Geschichte einer Seele
Die Heilige von Lisieux erzählt aus ihrem Leben
1997. 331.—332. Tausend. 248 Seiten. 4 Fotos

Ich gehe ins Leben ein
Letzte Gespräche mit der Heiligen von Lisieux
Deutsche authentische Ausgabe
1996. Vierte Auflage. 350 Seiten. Dünndruckpapier

Briefe der heiligen Therese von Lisieux
Deutsche authentische Ausgabe
1983. Dritte Auflage. 464 Seiten. Dünndruckpapier

Der Leidensweg der heiligen Therese von Lisieux
4. April bis 30. September 1897
Deutsche authentische Ausgabe
Von Guy Gaucher
1993. Dritte Auflage. 364 Seiten. Dünndruckpapier

Chronik eines Lebens
Therese Martin (1873—1897)
Von Guy Gaucher
1995. Dritte Auflage. 354 Seiten. Zahlreiche Bilder

Geschichte einer Familie
Im Elternhaus der heiligen Therese vom Kinde Jesus — Eine Schule der Heiligkeit
Deutsche authentische Ausgabe
Von P. Stéphane-Joseph Piat OFM
1983. 616 Seiten. Dünndruckpapier

Briefe der Mutter der heiligen Therese von Lisieux
Von Zélie Martin
1985. Zweite Auflage. 404 Seiten. Dünndruckpapier

Meditationen mit Therese von Lisieux
Von Maximilian Breig SJ
1996. Dritte Auflage. 336 Seiten. Dünndruckpapier

Meine Berufung ist die Liebe
Die Botschaft der heiligen Theresia von Lisieux
Von Maria-Eugen Grialou
1997. Dritte Auflage. 208 Seiten

Nur die Liebe zählt
Die Mission der Theresia Martin, ein Weg für alle
Von Ernst Gutting
1994. Achte Auflage. 176 Seiten

Die kleine heilige Theresia und der große Gott
Von Joachim Kardinal Meisner
1993. Zweite Auflage. 16 Seiten

Verwandelter Alltag
Von Walter Wimmer
1994. Zweite Auflage. 48 Seiten

Du trägst das All und denkst an mich
Die Spiritualität des Kleinen Weges der heiligen
Therese von Lisieux
Von Rudolf Stertenbrink OP
1992. Zweite Auflage. 40 Seiten

Die Bedeutung der heiligen Theresia für die heutige Zeit
Von Maximilian Breig
1993. 24 Seiten

Theresia von Lisieux — ein Wort Gottes für die Welt von heute
Von Ernst Gutting
Mit der Predigt „Akzente einer unscheinbaren Heiligen“ von Dr. Reinhold Stecher
1997. Dritte, durchgesehene Auflage. 48 Seiten

Ich besinge, was ich glauben will
Die Gedichte der heiligen Theresia von Lisieux
Von Andreas Wollbold
1995. 76 Seiten

Therese von Lisieux — Schriften und Aufzeichnungen
Aus dem Nachlaß der Heiligen
Herausgegeben vom Theresienwerk e. V. Augsburg
Übersetzt von Harald Beck
Eingeleitet und kommentiert von Dr. Andreas Wollbold
1996. 124 Seiten

Zu beziehen durch die *KSM*
Katholische Schriften-Mission, D-56599 Leutesdorf